CATALOGUE

DE

LIVRES PRÉCIEUX

RELIÉS AVEC LUXE

DE DESSINS ORIGINAUX ET DE MANUSCRITS ANCIENS

ORNÉS DE MINIATURES

DONT LA VENTE AURA LIEU

Le lundi 22 et le mardi 23 janvier 1877, à 2 heures de relevée

Hôtel des commissaires-priseurs, rue Drouot

SALLE Nº 3

Par le ministère de Mᵉ MAURICE DELESTRE, commissaire-priseur,
Successeur de Mᵉ DELBERGUE-CORMONT
Rue Drouot, 27.

Exposition publique le dimanche 21 janvier 1877.

PARIS

ADOLPHE LABITTE

LIBRAIRE DE LA BIBLIOTHÈQUE NATIONALE

4, rue de Lille, 4

1876

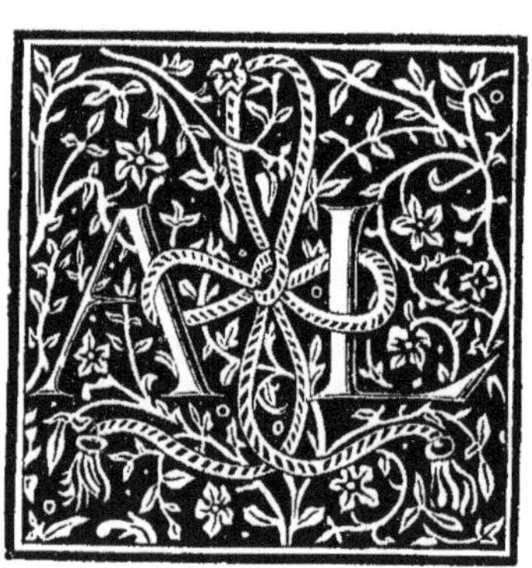

Paris. — Typ. G. Chamerot, rue des Saints-Pères, 19.

CATALOGUE

DE

LIVRES PRÉCIEUX

ORDRE DES VACATIONS.

CONDITIONS DE LA VENTE.

La vente est faite expressément au comptant.

Les acquéreurs payeront cinq centimes par franc, en sus des enchères, applicables aux frais.

Il y aura exposition des livres de la vacation une heure avant la vente.

Les livres vendus doivent être collationnés sur place dans les vingt-quatre heures de l'adjudication. Passé ce délai, ou une fois sortis de la salle de vente, ils ne seront repris pour aucune cause.

Le libraire chargé de la vente remplira les commissions des personnes qui ne pourraient y assister.

Paris. — Typographie Georges Chamerot, rue des Saints-Pères, 19.

CATALOGUE

DE

LIVRES PRÉCIEUX

RELIÉS AVEC LUXE

DE DESSINS ORIGINAUX ET DE MANUSCRITS ANCIENS

ORNÉS DE MINIATURES

DONT LA VENTE AURA LIEU

Le lundi 22 et le mardi 23 janvier 1877, à 2 heures de relevée

Hôtel des commissaires-priseurs, rue Drouot

SALLE Nº 3

Par le ministère de Mᵉ MAURICE DELESTRE, commissaire-priseur,
Successeur de Mᵉ DELBERGUE-CORMONT
Rue Drouot, 27.

———

Exposition publique le dimanche 21 janvier 1877.

PARIS

ADOLPHE LABITTE

LIBRAIRE DE LA BIBLIOTHÈQUE NATIONALE
4, rue de Lille, 4

—

1876

CATALOGUE

DE

LIVRES PRÉCIEUX

RELIÉS AVEC LUXE

DE DESSINS ORIGINAUX ET DE MANUSCRITS ANCIENS

ORNÉS DE MINIATURES

THÉOLOGIE

ET

HISTOIRE DES RELIGIONS.

---

1. L'HISTOIRE DU VIEUX ET DU NOUVEAU TES-
TAMENT, représentée avec des figures et des
explications édifiantes tirées des SS. PP., dédiée
à monseigneur le dauphin par le sieur de Royaumont (Nic. Fontaine et L. de Sacy). *A Paris,
chez Pierre Le Petit*, 1670, in-4, fig. mar. bleu,
dent. int. tr. dor. (*Duru et Chambolle.*)

Édition originale. Exemplaire bien complet.

2. L'HISTOIRE du Vieux et du Nouveau Testament,
par le s^r de Royaumont. *Suivant la copie imprimée à Paris*, 1699, pet. in-8, figures, mar. la Vall.
tr. dor. chiffre sur les plats. (*Allô.*)

3. BIBLE DE MORTIER. Histoire de l'Ancien et du
Nouveau Testament. (En hollandais.) *Amsterdam,
Mortier*, 1700, 2 vol. in-fol. c. de Russie.

Très-bel exemplaire en grand papier. 1res épreuves avant les clous.

4. Figures de l'Ancien et du Nouveau Testament. *S. l. n. d.,* in-8. demi-rel.

Suite de 50 planches in-8 remontées. La dernière porte : *Petrus van der Borcht invenit,* 1572.

5. Icones historicæ Veteris et Novi Testamenti. — Figures historiques du Vieux et du Nouveau Testament, accompagnées de quadrains en latin et en françois, qui exposent l'histoire représentée en chaque figure. *Genevæ, apud Samuelem de Tournes,* 1681, in-8, veau ant.

Dans la préface de cette édition, le Petit Bernard est cité comme l'auteur des gravures.

6. Psalterium Davidis, ad exemplar Vaticanum. Anni 1594. *Lugduni (Batavorum), apud Joh. et D. Elzevirios,* 1653, pet. in-12, front. gr. mar. compart. à froid, fil. tr. dor.

7. Histoire de la Vie de David, par M. l'abbé de Choisy; troisième édition, enrichie de figures. *A Paris, chez la veuve Martin-Durand, rue Saint-Jacques, au Roi David, s. d.,* in-4, m. r. filets dor. papier réglé. (*Anc. rel.*)

Bel exemplaire.

8. Figures du Nouveau Testament. *A Lyon, par J. de Tournes,* 1559, pet. in-8, rel. veau ant.

Les gravures sont de Salomon Bernard.

9. Le Nouveau Testament, c'est-à-dire la nouvelle alliance de Notre-Seigneur Jésus-Christ. *Se vend à Charenton, par Anthoine Cellier,* 1666, in-12, mar. rouge, dos orné, compartiments sur les plats, fermoirs en argent ciselé.

Jolie reliure ancienne, bien conservée.

10. Le Nouveau Testament de Nostre-Seigneur J.-C., traduit en françois. *A Mons, chez Gaspard Migeot,* 1667, 2 vol. pet. in-8, frontispice gravé, mar. v. large dentelle, doublé de mar. n. dent. tr. dor. (*Boyet.*)

La table du 1er volume ne se trouve pas dans cet exemplaire.

11. Les Saints Évangiles, traduction de Le Maistre
de Sacy. *Paris, Imprimerie impériale*, 1862,
in-fol., portraits et fig. br.

12. Albert Durer. La Passion. In-4, demi-rel. mar.
Recueil de 65 planches de divers tirages, remontées in-4°.

13. AGENDA ECCLESIASTICA in usum ecclesiæ,
Datum in civitate Herbñ (Hèrbipolense). *Anno
domini* M CCCC L XXX secundo (1482). *Dñica Tri-
nitatis*, in-4, mar. jans.

EXEMPLAIRE IMPRIMÉ SUR PEAU VÉLIN. Imprimé à Wurtzbourg par Jovius
Reyser. Il se trouve au verso du 6ᵉ feuillet une gravure en taille-douce attri-
buée à Martin Schoen (Schongauer).

14. Heures. Les présentes heures à l'usaige de
Rõme au long sans rien require furent acheuées
le XV iour de juillet, par Philippe Pigouchet,
l'an mil cinq cens et deux. In-8 *gothique, imprimé sur vélin*, figures sur bois, mar. brun avec
ornements du xvıᵉ siècle, dent. int. tr. dor.
(*Chambolle-Duru.*)

Très-belle reliure de Chambolle. Livre d'heures rare. A cet exemplaire
manque le feuillet de janvier du calendrier.

15. LIVRES DE PRIÈRES en latin et en français,
in-4, maroquin rouge, dentelles et fers à la Du
Seuil, doublé de maroquin bleu, avec filets et
ornements argentés, dos orné, soleils dorés, tran-
ches dorées. (*Reliure du temps de Louis XIV.*)

Ce superbe manuscrit a appartenu à M. J.-Ch. Brunet (n° 27 de son catalogue). Depuis l'époque de cette vente, son importance, sa valeur artistique,
sa beauté exceptionnelle paraissent être de mieux en mieux appréciées.
M. Potier, en 1868, l'avait très-bien décrit dans les lignes suivantes :
Superbe manuscrit du xvᵉ siècle, sur vélin, composé de 190 feuillets, et
dont toutes les pages sont entourées d'arabesques et décorées de riches ornements en or et en couleur. Indépendamment de 24 petites miniatures qui se
trouvent au calendrier, il y a 16 grandes miniatures et une soixantaine de
petites, y compris celles qui accompagnent les grandes. Plusieurs des unes et
des autres sont d'une beauté remarquable. Nous ne donnerons pas la description de ces miniatures, dont les sujets, comme dans tous les livres d'heures,
sont tirés, pour la plupart, de l'histoire sainte ou des vies des saints, mais
nous devons appeler l'attention des curieux sur deux d'entre elles qui ont un
autre genre d'intérêt et dont l'une semblerait annoncer que ce manuscrit a
une illustre origine. Dans la première de ces miniatures, on célèbre, dans
une église tendue de noir, les obsèques d'un grand personnage. Le catafal-
que, l'autel, les draperies sont décorés de fleurs de lis; des assistants, vêtus
de noir et placés autour du corps, portent des cierges auxquels sont attachés

des cartels aux armes de France. La seconde miniature représente l'enterrement. On descend le corps dans la tombe. L'âme du défunt va s'envoler, le démon va la saisir au passage ; mais un ange l'enlève au ciel. Dans de petites miniatures placées autour de deux grandes, on voit le mourant se confesser et recevoir l'Extrème-Onction, des moines prient pour le mort, etc.

Sur le premier feuillet, qui a été ajouté à l'époque de la reliure, c'est-à-dire à la fin du XVIIe siècle, sont peintes les armes suivantes : au 1 et 4 d'argent à la croix de Lorraine de sable ; au 2 et 3 d'or à la bande d'azur, chargée de 3 fleurs de lis d'or ; sur le tout d'azur au lion d'argent, lampassé de gueules. L'écu surmonté d'une couronne de marquis.

Ces armes sont celles de Guerchois, famille de Normandie, de laquelle étaient Pierre de Guerchois, procureur général au parlement de Rouen, mort en 1692, et N. de Guerchois, lieutenant général, mort en 1734.

16. HEURES LATINES avec calendrier en français. Pet. in-16, mar. r. fil dor. (*Rel. anc.*)

Joli manuscrit sur vélin, du XVe siècle, orné d'initiales en or et en couleurs, et de 28 petites miniatures, ayant en hauteur de 25 à 45 millimètres, et représentant divers sujets de l'Ancien et du Nouveau Testament, les quatre évangélistes, des figures de saints et de saintes, etc. Chacune de ces miniatures, d'une belle conservation, est dans un encadrement de fleurs et d'arabesques, mêlées d'oiseaux, d'insectes, d'animaux et de chimères, le tout d'une exquise délicatesse et d'une exécution remarquable.

De la bibliothèque de M. Veinant.

17. MANUSCRIT DE JARRY. L'Office de la Vierge Marie. *N. Jarry scripsit et A. Du Guernier pinxit.* 1664, in-16, mar. bl. riches compartiments dorés sur les plats, tr. dor. (*Trautz-Bauzonnet.*)

ADMIRABLE MANUSCRIT SUR VÉLIN, composé de 174 pages, écrit en forme de caractères d'impression, et orné de 6 miniatures et d'un titre au bas duquel se trouve le monogramme entrelacé *Adèle* sous une couronne de marquise. Il est en tout semblable à celui qui existe chez M. le marquis de Ganay et que M. Brunet cite comme un des plus jolis volumes laissés par Jarry.

Du Guernier, l'auteur des miniatures, était à la cour de Louis XIV le rival de Petitot ; récemment, M. Troubat a publié dans *l'Art* une étude sur ce peintre.

La reliure est un chef-d'œuvre. Ce volume est renfermé dans une boîte.

18. L'Office de la semaine sainte, à l'usage de la maison du Roy. *Paris, de l'imprimerie de J. Collombat,* 1743, gr. in-8, titres gravés, mar. r. à compartiments dorés, tr. dor.

Aux armes et au chiffre de Louis XV. Exemplaire très-bien conservé.

19. IMITATIONE (de) Christi libri quatuor. *Paris, lib. Tross,* 1868, In-8, pap. vél. fin, texte encadré, mar. br. jans. dent. intér. non rog.

Jolie édition, dont le texte est encadré de sujets et d'ornements les plus variés, à l'imitation des livres d'Heures du XVe et du XVIe siècle.

20. Gerson. De l'Imitation de Jésus-Christ, traduite
d'après un manuscrit de 1440, par l'abbé Delau-
nay. *Paris, librairie Tross,* 1869, in-8, fig. en
bois et bordures, mar. brun, tr. dor.

21. Lactance Firmian, des Divines Institutions,
contre les gentils et les idolastres... traduit du
latin et dédié au roy François premier par
R. Fame, secrétaire dudit seigneur. *Lyon, J. de
Tournes et G. Gazeau,* 1555, in-16, titre encadré, mar. r. fil. tr. dor. (*Bozérian.*)

Petit chef-d'œuvre d'impression. Exemplaire du conventionnel Courtois et
de Veinant.

22. Baudoin. Les Saintes Métamorphoses, ou Chan-
gements miraculeux de quelques grands saints.
Paris, 1644, in-4, figures, maroq. tr. dor.
(*Petit.*)

Bel exemplaire d'un livre rare, imprimé en caractères dits de civilité.

23. Traité de la communion sous les deux espèces,
par J.-B. Bossuet. *Paris, Séb. Mabre-Cramoisy,*
1682, in-12, mar. br. tr. dor. (*Thibaron.*)

Édition originale.

24. Bossuet. Divers Écrits sur le livre intitulé :
Explications des maximes des saints. *Paris,
J. Anisson,* 1698, in-8, mar. r. jans. tr. dor.
(*Thompson.*)

Édition originale.

25. Méditation continuelle de la loy de Dieu, par
un chanoine régulier de l'abbaye de Saint-Victor.
Paris, Coignard, 1727, in-12, mar. r. fil. tr. dor.
(*Boyet.*)

26. Texte primitif des Lettres provinciales de Blaise
Pascal. *Paris, Hachette,* 1867, gr. in-8, papier vélin, maroquin la Vall. jans. dentelle intérieure,
tr. dor. (*Hardy-Mennil*).

27. Pascal. Pensées sur la Religion et sur quelques autres sujets. *A Paris, chez Guill. Desprez,*

1671, pet. in-12, vél. blanc moderne, titre calli-
graph.

Troisième édition, rare.

28. ARNAULD ET NICOLE. Réponse générale au
nouveau livre de M. Claude. *Paris, veuve Charles
Savreux,* 1671, in-12, maroq. tr. dor. (*Thompson.*)

29. GIRARD DE VILLE-THIERRY (prêtre). La Vie
des gens mariez, ou les Obligations de ceux qui
s'engagent dans le mariage. *Paris, Alexis de la
Roche,* 1721, in-12, mar. r. fil. large dentelle, tr.
dor. (*Anc. rel.*)

---

30. ORAISON FUNÈBRE et Obsèques de très-haute,
très-puissante et très-vertueuse princesse Marie,
par la grâce de Dieu royne douairière d'Escoce,
prononcée à N.-D. de Paris, le 12 aoust 1560.
Paris, impr. de Vascosan, 1561, in-8, cart.

Très-bel exemplaire, grand de marges (185 millim.).

31. SERMON FUNÈBRE prononcé en l'église de N.-D.
à Paris, aux honneurs et pompes funèbres du
très-puissant empereur Maximilian d'Austriche,
deuxième du nom, le 9 janvier 1577, par F.-Henri
Godefroy. *Paris, Denis du Pré,* 1577, in-8, cart.

Très-bel exemplaire, non rogné.

32. ORAISON FUNÈBRE sur la mort de Pierre de Ronsard, par J.-D. du Perron. *Paris, Fed. Morel,* 1586.
— ORAISON FUNÈBRE sur la mort de M. de Ronsard, prononcée en la chapelle de Boncourt,
l'an 1586. — ORATIONE di Fr. Panigarola, in morte
et sopra il corpo dell' illustrissimo Carlo Borro-
meo, arcivescovo di Milano. *In Parigi,* 1585. —
ORAISON FUNÈBRE faicte aux obsèques de la royne,
mère du roy, par messire Regnault de Beaune,
archevesque de Tours, à Blois, le iiij jour de fé-
vrier, 1589. *A Blois, Jamet Mettayer,* 1589. —
ORAISON FUNÈBRE faite sur le trespas de Henri troi-

sième, prononcée en l'église de S. Mederic le 21 jour d'aoust 1595, par Claude Demorenne, curé de ladite paroisse. *Paris, Jamet Mettayer*, 1595. — REGRET FUNÈBRE, contenant les actions et derniers propos de monseigneur, fils de France, frère unique du roy, depuis sa maladie jusques à son trépas, par Jacques Berson, Parisien. *Paris, à l'Olivier de Pierre l'Huillier*, 1584. — TOMBEAU de feu M. de Givry, maistre de camp de la cauallerie légère de France, dédié à Mme de Givry. *Paris, Fed. Morel*, 1594. — Ensemble 7 pièces en 1 vol. pet. in-8, v.

Recueil de pièces rares. Une note marginale de la 2e pièce est rognée et la dernière pièce a une piqûre de ver.

33. BOSSUET. Les Oraisons funèbres, avec des notices par Poujoulat. *Tours, Mame*, 1869, gr. in-8, br.

Papier de Hollande ; gravures à l'eau-forte par Foulquier.

34. BOSSUET. Oraisons funèbres, gravures à l'eauforte de Foulquier. *Tours, Mame*, 1869, mar. r. janséniste doublé de maroquin rouge, couvert de dorures genre renaissance, tr. dor. (*Brany, dorure de Marius Michel.*)

Très-bel exemplaire en papier de Hollande.

35. BOSSUET. Oraison funèbre de Marie-Térèse d'Austriche, reine de France, prononcée à Saint-Denis le 1er septembre 1683. *Paris, Cramoisy*, 1683, in-4, mar. r. jans. tr. dor. (*Chambolle-Duru.*)

Édition originale. Bel exemplaire.

36. BOSSUET. Oraison funèbre de Anne de Gonzague de Clèves, princesse palatine, prononcée en l'église des Carmélites le 9 aoust 1685. *Paris, Cramoisy*, 1685, in-4, mar. r. jans. tr. dor. (*Chambolle-Duru.*)

Très-bel exemplaire. 1re édition.

37. BOSSUET. Oraison funèbre de messire le Tellier, chancelier de France, prononcée dans l'église de Saint-Gervais, le 25 janvier 1686, *Paris, Cramoisy*, in-4, 1686, mar. r. jans. tr. dor. (*Chambolle-Duru.*)

Édition originale. Bel exemplaire.

38. BOSSUET. Oraison funèbre de Louis de Bourbon, prince de Condé, prononcée dans Nostre-Dame de Paris, le 16 mars 1687. *Paris, Cramoisy*, 1687, in-4, maroq. rouge jans. tr. dor. (*Chambolle-Duru.*)

Édition originale. Bel exemplaire, grand de marges.

39. ORAISON FUNÈBRE DE TRÈS-HAUT ET TRÈS-PUISSANT PRINCE LOUIS DE BOURBON, prince de Condé, prononcée dans l'église N.-D. de Paris, le 10 mars 1687, par Messire Jacques-Bénigne Bossuet. *Paris, Séb. Mabre-Cramoisy*, 1687, in-4, vign. mar. r. tr. dor. (*Chambolle-Duru.*)

Édition originale. Bel exemplaire, grand de marges.

40. RECUEIL des Oraisons funèbres de Marie-Thérèse d'Autriche, reine de France, 1683, in-4, v. br.

Oraisons funèbres, par **BOSSUET.** (*Les armes sont coupées sur le titre.*) — ..... par l'abbé Bauyn. — ..... par Fléchier, 1684. — ..... par l'abbé Anselme, 1684. — ..... par des Aleurs, 1684. — ..... par dom Gallois, 1683. — La Pompe funèbre à Saint-Germain des Prez, 1683, avec figures. A la fin du volume se trouve : *Eloge funèbre de Henri de Bourbon, prince de Condé, par le Père Bourdaloue,* 1684.
Toutes les pièces de ce recueil sont d'éditions originales.

41. BOURDALOUE. Éloge funèbre de Henri de Bourbon, prince de Condé. *Paris, Cramoisy*, 1684, in-4, mar. r. jans. tr. dor. (*Chambolle-Duru.*)

Exemplaire grand de marges. Édition originale.

42. RECUEIL D'ORAISONS FUNÈBRES de Fléchier, publiées de 1672 à 1690. 7 pièces en 1 vol. in-4, mar. v. fil. à fr. tr. dor. (*Duru.*)

Oraison funèbre de Julie-Lucine d'Angennes de Rambouillet, duchesse de Montausier. *Paris, Séb. Mabre-Cramoisy*, 1672. — Oraison funèbre de Marie de Vignerod, duchesse d'Aiguillon. *Paris, S. M.-Cramoisy*, 1675. — Oraison funèbre de Henry de la Tour d'Auvergne, vicomte de Turenne. *Paris, S. M.-Cramoisy*, 1676. — Oraison funèbre de M. le premier président de La-

moignon. *Paris, S. M.-Cramoisy*, 1679. — Oraison funèbre de Marie-Thé-
rèse d'Autriche, reine de France. *Paris, S. M.-Cramoisy*, 1684. — Oraison
funèbre de Marie-Anne-Christine de Bavière, dauphine de France. *Paris,
Ant. Dezallier*, 1690. — Oraison funèbre de Ch. de Sainte-Maure, duc de
Montausier. *Paris, Ant. Dezallier*, 1690.
ÉDITIONS ORIGINALES. Exemplaires de la vente SOLAR.

43. HABERT (Germain). La Vie du cardinal de Bérulle, instituteur et premier supérieur général de
la congrégation de l'Oratoire. *Paris, veuve Camusat et Pierre le Petit*, 1646, in-4, maroq. rouge,
fil. tr. dor. (*Anc. rel.*)

Superbe exemplaire en grand papier, réglé, avec le frontispice représentant la mort du cardinal de Bérulle. Exemplaire dans une belle reliure ancienne.

44. LA VIE de la vénérable mère Marguerite-Marie
(Alacoque), religieuse de la visitation Sainte-Marie
du monastère de Paray-le-Monial en Charolois,
morte en odeur de sainteté, par Mgr J.-J. Languet,
évêque de Soissons. *Paris*, 1729, in-4, mar. rouge,
fil. tr. dor. (*Anc. rel.*)

Splendide exemplaire en GRAND PAPIER, RÉGLÉ, frontispice gravé. La
reliure, ornée d'une large dentelle et aux armes du CARDINAL FLEURY, est
d'une conservation parfaite.

45. Le Tocsin (par Louis Dutens). *Paris, Molini*,
1773, in-12 de 60 pages, maroq. rouge, fil. (*Anc.
rel.*)

Imprimé sur VÉLIN. D'autres éditions de cet opuscule ont été imprimées
sous le titre : *Appel au bon sens*. C'est une défense de la religion chrétienne
contre les philosophes du temps.

46. SALIN (Patrice). L'Église de Saint-Sulpice de
Favières. Notice accompagnée de huit planches à
l'eau-forte et de six reproductions lithophotogra-
phiques des inscriptions et pierres tombales.
Paris, A. Leclerc, 1865, gr. in-8, pap. vélin fort,
maroq. viol. comp. tr. dor. (*Petit.*)

47. VISITE A LA SAINTE-BAUME et Saint-Maximin, par
le comte Gustave d'Audiffret. Troisième édition,
avec les compositions gravées par G. Staal. *Paris,*

1868, in-4, mar. r. dos à nerv. et fleur. fil. à comp. dent. int. tr. marb. dor. (*Belz-Niedrée.*)

Épreuves sur chine.

48. La Vie de Mahomed, avec des réflexions sur la religion mahométane, par le comte de Boulainvilliers. *Amsterdam, chez François Changuion,* 1731, in-12, v. f.

Frontispice gravé et figures.

49. LETTRES A ÉMILIE sur la Mythologie, par Demoustier. *Paris, Renouard,* 1809, 3 vol. in-8, mar. citr. fil. tr. dor. (*Bozérian.*)

Exemplaire en papier vélin. Figures de Moreau avant la lettre et eaux-fortes.

JURISPRUDENCE.

50. Laboulaye (Édouard). Recherches sur la condition civile et politique des femmes depuis les Romains jusqu'à nos jours. *Paris,* 1843, in-8 br.

Très-rare.

51. Laboulaye (Édouard). Histoire du droit de propriété foncière en Occident. *Paris,* 1839, in-8 broché.

Rare.

52. (La) Loy salique, livret de la première humaine vérité..... *Paris, veuve Nicolas Buffet,* 1553, in-16, mar. fil. tr. dor.

Exemplaire réglé. Édition rare.

53. Ordonnances du très-chrestien roy de France Françoys, premier de ce nom, ordonnées estre

gardées et observées en ses pays de Prouence, Forcalquier et terres adjacentes. (*A la fin :*) *Ces présentes ordonnances ont esté imprimées à Lyon, par Denys de Harsy, l'an mil ccccc xxxv, au moys de mars,* in-4, gothique à longues lignes, maroq. brun, compart. dorés, dent intérieure, tr. dor. (*Capé.*)

Très-bel exemplaire d'un livre rare.

54. Arrêts de la Cour décisifs de diverses qvestions tant de droict qve de covstume prononcez en robbes rouges, et donnez sur procez, partis et autres, redvicts selon les matières. *A Paris, en la boutique de l'Angelier, chez Charles Cramoisy,* 1622, in-4 réglé, maroq. rouge à comp. tr. dor.

Aux armes de Séguier. Bel exemplaire.

SCIENCES.

55. Ravaisson. Essai sur la Métaphysique d'Aristote. *Paris, Impr. roy.,* 1837, 2 vol. in-8 br.

Rare.

56. Boetii liber de Consolatione. In-4, vélin.

Beau manuscrit du xv° siècle, avec lettres rubriquées.

57. Charron. De la Sagesse. *A Leide, chez les Elzeviers,* 1646, in-12, titre gravé, maroq. bleu, fil. dent. tr. dor. (*Thouvenin.*)

Exemplaire avec témoins. 135 millim.

58. De la Sagesse, trois livres, par Pierre Charron. *A Leide, chez les Elzeviers,* 1646, in-12, frontispice gravé, maroq. v. fil. tr. dor.

132 millim.

59. Maximes et réflexions morales du duc de la Rochefoucauld. *Paris, de l'Imprimerie royale,* 1778,
mar. n. rogn.

Portrait gravé par Choffard.

60. La Rochefoucauld. Réflexions ou Sentences morales; texte de 1665 et de 1678, revu par Ch.
Royer. *Paris, Lemerre,* 1870, pet. in-12, broché
en vélin.

61. LA BRUYÈRE. Les Caractères de Théophraste,
avec les Caractères ou les Mœurs de ce siècle.
Paris, chez Estienne Michallet, 1688, in-12, maroq. r. jans. tr. dor. (*Chambolle-Duru.*)

1re édition. Très-rare.

62. LA BRUYÈRE. Les Caractères ou les Mœurs de
ce siècle. Quatrième édition. *Paris, chez Estienne
Michallet,* 1689, in-12, maroq. r. jans. tr. dor.
(*Chambolle-Duru.*)

Bel exemplaire.

63. LA BRUYÈRE. Les Caractères, avec dix-huit
gravures à l'eau-forte, par V. Foulquier. *Tours,
Mame,* 1867, gr. in-8, portrait, maroq. r. jans.
doublé de mar. vert, couvert de dorures à la fanfare, tr. dor. (*Hardy-Mennil, dorure de Marius
Michel.*)

Superbe exemplaire sur grand papier de Hollande.

64. Les Caractères ou les Mœurs de ce siècle, précédés des Caractères de Théophraste, traduits du
grec, par la Bruyère, avec une notice et des notes
par Charles Asselineau. *Paris, Lemerre,* 1872,
2 vol. in-8, portr. br.

Exemplaire en grand papier de Hollande, n° 121. Double épreuve du
portrait, dont une avant la lettre.

65. L'Antidote d'amour, ensemble les remèdes les
plus singuliers pour se préserver et guérir des
passions amoureuses, par Jean Aubery. *Paris,
Claude Chappelet,* 1599, in-12, v. f. fil. tr. dor.
(*Koehler.*)

66. Contre-amour. L'Anteros, ou Contre-amour
de messire Baptiste Fulgosi, jadis duc de Gennes.
Le Dialogue de Baptiste Platine contre les folles
amours. Paradoxe contre l'amour (trad. de l'italien). *Paris, Gilles Beys*, 1581, in-4, v. f. fil. tr.
dor. (*Rel. anc.*)

Le paradoxe contre l'amour est de Thomas Sibilet, l'auteur de cette traduction.
Exemplaire de Crozat.

67. D'Holbach. Système de la nature, ou des Lois du
monde physique et du monde moral, par M. de
Mirabaud (le baron d'Holbach). *Londres*, 1770,
2 vol. in-8, mar. rouge fil. (*Anc. rel. avec armoiries.*)

Édition originale.

68. Le Pornographe, ou Idées d'un honnête homme
sur un projet de règlement pour les prostituées....
(par Rétif de la Bretonne). *A Londres, chez
Nourse,* 1770, in-8, demi-rel. bas.

69. Explication des Hieroglifes du philosophe Soli-
donius. In-4, mar. r. tr. dor. (*Anc. rel.*)

Manuscrit du XVIIᵉ siècle sur la philosophie occulte. Il y a à la fin
19 dessins coloriés de la grandeur du volume, représentant les éléments, etc.

70. Génies (les) assistans et Gnomes irréconcilia-
bles, ou suite au comte de Gabalis. *A la Haye,*
1718, pet. in-12 vél. bl. moderne, titre calligr.

71. Mariana (J.). De Rege et regis Institutione libri III. *Toleti, apud Petrum Rodericum*, 1599,
in-4, mar. v. fil. tr. dor. (*Padeloup.*)

Exemplaire de Girardot de Préfond.

72. (Baltasar) Castiglione. Le Parfait Courtisan
du comte Baltasar, Castillonnois, en deux langues..., de la traduction de Gabriel Chappuis,
Tourangeau. *Lyon, pour Loys Cloquemin,* 1580,
pet. in-8 à 2 col. v f. fil. dos orné.

Bel exemplaire.

73. Traité politique, composé par W. Allen, Anglois,
et traduit nouvellement en françois, — où il est
prouvé par l'exemple de Moyse et par d'autres,
tirés hors de l'Ecriture, que tuer un tyran, *titulo
vel exercitio*, n'est pas un meurtre. *Lugduni,
anno* 1658, in-16, cart. en parchemin vert, non
rogné.

74. Questions naturelles et curieuses contenans diverses opinions problématiques recueillies de la
médecine, touchant le régime de santé, par B.
Bailly, docteur en médecine. *Paris, Jean Petit-
Pas*, 1628, in-8, mar. v. fil. tr. dor.

75. Theodosii Tripolitæ sphæricorum libri, à Christ.
Clavio. *Romæ,* 1586, in-4, maroq. fauve, tr. dor.
(*Anc. rel.*)

Exemplaire au chiffre et aux armes du cardinal de Bourbon (Charles X,
roi de la ligue).

76. Fontenelle. Entretiens sur la pluralité des
mondes, par Fontenelle, de l'Académie française.
A Dijon, an II, in-12, pap. vél. portrait grav. par
Saint-Aubin, mar. bleu foncé, fil. tr. dor. (*Bozérian jeune.*)

BEAUX -ARTS.

DESSINS ORIGINAUX. — LIVRES A FIGURES. ARTS DIVERS.

77. HILLEMACHER. Dessins originaux pour Mo-
LIÈRE, édition publiée à Lyon par Scheuring, et
imprimée par Perrin.

Suite précieuse de 166 pièces.

78. GEOFFROY ET ALLOUARD. Chefs-d'œuvre
dramatiques du xviii° siècle. In-fol. mar. br. tr.
dor. (*Chambolle-Duru.*)

Vingt-quatre DESSINS ORIGINAUX en couleurs, suite très-curieuse et fort
bien exécutée.

79. ADRIEN MARIE ET ALLOUARD. Le Théâtre
français avant la renaissance (1450-1550). Grand
in-fol. maroq. brun, tr. dor. (*Chambolle-Duru.*)

SEIZE DESSINS ORIGINAUX de costumes des xv° et xvi° siècles, remontés
grand in-folio sur bristol.

80. DESSINS ORIGINAUX. Suite des dessins de
Geoffroy pour le théâtre de Voltaire. 21 pièces
in-fol. montées sur bristol, maroq. brun, jans.
(*Chambolle-Duru.*)

Suite très-curieuse. Le portrait de Voltaire, en pied, en fait partie.

81. BIDA. DESSIN ORIGINAL pour les œuvres d'Alfred de Musset. In-folio dans un cadre.

SILVIA.

« Sitôt qu'elle vit son ami,
Défaillante et poussant un cri,
Comme une sœur embrasse un frère,
Sur le cercueil elle tomba. »

82. BIDA. DESSIN ORIGINAL **pour les œuvres d'Alfred de Musset. In-fol. dans un cadre.**

LA COUPE ET LES LÈVRES.

FRANK, *se démasquant.*

« La bière est vide ? Alors
C'est que Frank est vivant. »

**83. Crispin de Passe. Recueil de figures gravées
pour les Métamorphoses d'Ovide. 1602, in-8
oblong, maroq. vert fil. à la du Seuil, dos orné,
tr. dor. (*Lortic.*)**

Jolies figures en très-belles épreuves.

**84. MOLIÈRE. Suite de Sept Eaux-fortes, par
Teyssonnier, d'après les dessins de Bayard, in-8.**

Suite tirée sur papier de Chine.

— LA **M**ÊME **S**UITE **D'**EAUX-FORTES**, 7 pièces.**

Exemplaire sur papier du Japon.
Très-jolie suite.

**85. Suite de 60 gravures d'après divers artistes
pour illustrer les Fables de la Fontaine. (*Paris,
Nepveu*), in-8.**

Épreuves avant la lettre. Le placement est indiqué au crayon au bas de
chaque gravure.

**86. OEUVRE COMPLET DE GRATELOUP. 9 piè-
ces in-8, avec marges.**

Grateloup, médecin et graveur, n'a gravé que les 9 portraits qui figurent
ici .La suite complète est presque introuvable. Le portrait de Bossuet, seul,
a été payé 500 francs.

**87. Histoire de l'imagerie populaire, par Champ-
fleury. *Paris, Dentu*, 1869, pet. in-8, fig., demi-
rel. mar. n. rogn. tr. sup. dorée.**

Exemplaire en papier de Hollande.

88. CHAMPFLEURY**. Histoire de la caricature antique,
du moyen âge et moderne. *Paris, Dentu, s. d.,*
3 vol. pet. in-8, demi-rel. mar. r. tr. sup. dor. n.
rogn. (*Cuzin.*)**

Très-beaux exemplaires en papier de Hollande.

89. Omnium Cæsarum Imagines ex antiquis numis-
matis desumptæ. *Æneas Vicus*, 1554. — Le Ima-
gini delle donne Auguste. *In Vinegia*, 1557. —
2 part. en 1 vol. in-4, figures, demi-rel. mar. tr.
dor.

90. Amorum Emblemata figuris æneis incisa stu-
dio Othonis Væni Batavo-lugdunensis. *Antuerpiæ,
venalia apud auctorem*, 1608, in-8 oblong, mar.
rouge, tr. dor. (*Cazin.*)

Album d'emblèmes accompagnés de quatrains en latin, en hollandais et en
français.
Exemplaire très-beau d'épreuves.

91. DEVISES HÉROÏQUES et Emblèmes de Claude Pa-
radin, revues et augmentées par messire François
d'Amboise. *A Paris, chez Rolet-Boutonné*, 1621,
in-8, fig. v. f. tr. dor.

92. Les Pénitents et les Pénitentes, par Jacques
Callot. *Israel ex.* In-4, mar. r. tr. dor. (*Capé.*)

Petite suite de six estampes, y compris le titre gravé par Abraham Bosse,
montée in-4, sur papier fort. On y a ajouté : *les Quatre Banquets*, suite de
quatre estampes, savoir : *les Noces de Cana*; — *le Repas chez le Pharisien*;
— *la Cène*; — *le Souper à Emmaüs*.
Jolies épreuves.

93. Labyrinthe de Versailles. *Paris, de l'Imprimerie
royale*, 1679, gr. in-8, vélin, 41 planches.

Premières épreuves des figures de Sébastien Le Clerc.

94. LE TEMPLE DES MUSES, orné de LX tableaux
où sont représentés les événements les plus re-
marquables de l'antiquité fabuleuse, dessinés et
gravés par B. Picart le Romain. *Amsterdam,
Zacharie Chatelain*, 1733, gr. in-fol. mar. br.
fil. tr. dor. (*Arnaud.*)

Bel exemplaire.

95. COLLECTION COMPLÈTE DES TABLEAUX HISTORIQUES
DE LA RÉVOLUTION FRANÇAISE. *A Paris, de l'imprimerie de P. Didot l'aîné*, 1798-1804, 3 tomes

L.   2

en 4 vol. gr. in-fol., pap. vélin, planches, dos et coins de mar. r. tête dor. ébarbé.

Bel exemplaire auquel on a ajouté le frontispice du 1er volume de l'édition de Miger et la réimpression du texte des 80 premiers tableaux.

96. Umrisse zu Goethes Faust, gezeichnet von Moritz Retzsch. *Stuttgart und Augsbourg*, 1836, in-4 oblong, mar. vert, fil. tr. dor. figures aux traits.

Bel exemplaire.

97. LES ARTS SOMPTUAIRES. Histoire du costume et de l'ameublement. *Paris,* 1857, 4 tomes en 3 vol. in-4, mar. br. tr. sup. dorée, non rogn.

Bel exemplaire. Les figures forment deux volumes. Le texte est réuni en un seul.

98. DENTELLES. Prima parte de' fiori e disegni di varie sorti di ricami moderni, come merli, bavari, manichetti e altri nobili lavori, che al presente sono in uso. *In Venetia,* 1591, in-4 oblong, titre, dédicace et 14 planches ; en tout, xvi feuillets.

De la plus grande rareté.

99. RECUEIL DE COEFFURES. In-8, mar. rouge, large dentelle à l'oiseau, doublé de tabis. (*Derome.*)

Recueil factice de 77 pièces sur les coiffures au xviiie siècle, montées avec soin sur bristol et renfermées dans une ancienne reliure.

100. Pottier (André). Histoire de la faïence de Rouen. *Rouen, Lebrument,* 1870, in-fol. demi-rel. mar. r. avec coins, tête dorée, n. rognée, figures en couleurs.

Bel exemplaire.

101. Les Galanteries amusantes. Sonates à deux musettes, dédiées à monseigneur le duc d'Aumont, par M. Chedeville. *Paris, chez l'auteur, s. d.,* in-4, frontispice gravé d'après Pater, mar. rouge, fil. dos orné, tr. dorées, aux armes du duc d'Aumont. (*Reliure de Derome, dite à l'Oiseau.*)

102. Le Maistre d'armes, ou l'Exercice de l'Espée seulle dans sa perfection, dedié à monseigneur le duc de Bourgogne, par le sieur de Liancourt. *Paris, chez l'auteur*, 1686, nombreuses figures de Perelle, in-4 oblong, veau granit. (*Anc. rel.*)

Volume rare.

103. LIVRE DU ROY CHARLES, de la chasse du cerf, publié pour la première fois d'après le manuscrit de la biblioth. de l'Institut, par Henri Chevreul. *Paris, Aubry*, 1859, in-8, portr., mar. r. tr. dor. (*Capé.*)

Tiré à 225 exemplaires. Celui-ci est l'un des 8 sur papier vélin.

104. Observations sur les courses du champ de Mars et sur quelques nouvelles dispositions relatives à ces courses, par Armand Séguin. *Paris*, 1822, in-8, pap. vél. mar. v. fil. tr. dor.

Bel exemplaire aux armes de la duchesse de Berry.

105. LA MILICE ROYALE de l'infanterie volante, représentant cavalerie et infanterie ensemblement, par le sieur de Renol, de Marmande en Gascogne. *Paris, chez Samuel Thiboust*, 1621, in-4, fig. mar. r. jans. tr. dor. (*Chambolle-Duru.*)

Ouvrage curieux et rare. Portrait gravé.

106. MANOEUVRES de l'infanterie et de la cavalerie selon l'ordonnance du Roy. *S. d.*, 2 vol. in-12 obl. mar. r. fil. tr. dor. (Aux armes de Louis XV.)

Jolis manuscrits ornés de dessins coloriés et signés : *de Chantavoine.*

BELLES-LETTRES.

107. Réflexions sur l'éloquence (par le P. Rapin, de Tours). *Paris, L. Josse,* 1700, in-12, mar. r. compart. tr. dor. (*Rel. anc.*)

108. DISCOURS DE RÉCEPTION à l'Académie française. *Paris,* 1715-1788, en 1 vol. in-4, demi-rel. v. f.

Réception de M. Gros de Boze, 1715. — Marmontel, 1763, avec envoi autographe. — Lamoignon de Malesherbes, 1775. — Rulhière, 1787. — Florian, 1788.

Éditions originales de ces discours; on a conservé la couverture primitive de chacun d'eux.

POÈTES ANCIENS.

109. Q. Horatius Flaccus. Daniel Heinsius ex emendatissimis editionibus expressit et repræsentavit. *Amstelodami, apud Dan. Elzevirium,* 1676, in-16, mar. ol. fil. dent. int. tr. dor. (*Bauzonnet-Trautz.*)

Bel exemplaire.

110. OEUVRES D'HORACE, traduction nouvelle par Jules Janin, deuxième édition. *Paris, Hachette,* 1861, in-12 maroquin rouge, jans. doublé de mar. bl. bordure de maroq. vert, doré en plein de pensées et de marguerites, tr. dor. (*Chambolle-Duru, dorure de Marius Michel.*)

Très-bel exemplaire en grand papier de Hollande. La dorure intérieure de la reliure est une copie des dorures du XVIe siècle. Le portrait est un dessin à la sépia.

111. OEuvres d'HORACE, traduction par J. Janin. *Paris, L. Hachette,* 1860, in-16, demi-rel. maroq. rouge.

Billet en vers, autographe, signé de J. Janin, daté de Passy, 16 août 1860, écrit sur le verso et recto du faux titre.

112. HORACE, traduction en vers par le comte
Siméon. *Paris, Jouaust,* 1873-1874, 3 vol. in-8,
br. vignettes en tête gravées à l'eau-forte.
Très-belle édition.

113. OEuvres de Horace, traduction nouvelle, par
Leconte de Lisle, avec le texte latin. *Paris, Lemerre,* 1873, 2 vol. in-12, front. br.
Exemplaire sur papier Whatman, n° 59. Deux frontispices avant la lettre, un bistre et l'autre noir sur chine.

114. Titi Lucretii Cari de rerum natura Libri sex.
Lutetiæ Parisiorum, Ant. Coustelier, 1744, pet.
in-8, mar. bleu, fil. dos orné, tr. dorée.
Jolie reliure de Padeloup. Très-bel exemplaire avec les figures de Van
Mieris.

115. POLIGNAC (cardinal de). L'Anti-Lucrèce, poëme
sur la religion naturelle, trad. par Bougainville.
Paris, 1749, 2 vol. gr. in-8, maroq. r. (*Anc. rel.*)
Bel exemplaire. Portrait d'après Rigaud.

116. LUCAIN. La Pharsale, traduite en françois par
Marmontel. *Paris, Merlin,* 1766, 2 vol. in-8,
mar. r. fil. tr. dor. (*Anc. rel.*)
Figures de Gravelot.

117. Galtherus (Phil.), Episcopus Insulanus. Alexan-
dreidos libri X, nunc primum in Gallia, gallicis-
que caracteribus editi. *Lugduni, Robertus Gran-
jon,* 1558, pet. in-4, veau f. fil. tr. dor.
Édition imprimée en caractères de *Civilité.* Bel exemplaire.

118. Metaphrasis poetica librorum aliquot sacro-
rum, auctore Jac. Aug. Thuano (Jobus, lib. IV;
Ecclesiastes; Threni Jeremiæ F. Elciæ; Vaticinia
Joelis F. Pethvelis, Amosi, Abdinæ, Jonæ, Haba-
cuci). *Cæsaroduni Turonum, apud Jametium
Messorium,* 1588, 4 part. en 1 vol. pet. in-8,
mar. v. tr. dor. (*Capé.*)
Jolie édition, la première de ces poésies ; M. Brunet ne l'indique pas.

119. Renati Rapini Hortorum libri (de universa
culturæ hortensis disciplina disputatio); Eclogæ,

liber de Carmine pastorali, Odæ. *Lugduni Batavorum, ex officina Arnoldi Doude,* 1672, front. gr.
2 part. la première de 12 ff. prél. 185 p. et 3 ff.
blancs, la seconde de 6 ff. prél. et 276 p. en
1 vol. pet. in-12, vél.

Jolie édition qui se joint à la collection des Elsevier. Elle a été imprimée
par Philippe de Croy, de Leyde, dont le nom se trouve dans un fleuron qui
termine la page 234 de la seconde partie.

POÈTES FRANÇAIS.

120. Collection des poëtes françois imprimés par
Couselier. *Paris,* 1722-24, 10 vol. in-12, mar.
bl. dos ornés, fil. tr. dor. (*Chambolle-Duru.*)

Contenant : Œuvres de Villon. — La Farce de Pathelin, 1723. — Poésies de Martial d'Auvergne, 2 vol. — Légende de P. Faifeu. — Poésies de
G. Cretin. — Poésies de G. Coquillart. — Œuvres de J. Marot. — Œuvres
de Racan, 2 vol.
Bel exemplaire.

121. Collection des anciens poëtes français imprimés
par Couselier, savoir : Coquillart, la Farce de
Pathelin, Villon, Martial de Paris, P. Faifeu, Cretin, J. Marot et Racan. *Paris, Couselier,* 1722-24,
10 vol. in-12, v. f.

La reliure du Racan a été rappareillée.

122. LE MIROUER DES DAMES, suivi d'un opuscule
intitulé le Cloistre de l'Ame. 1 vol. grand in-fol.
rel. en vél.

Beau manuscrit du xve siècle, sur papier.
Ce volume, composé de 197 feuillets, contient trois ouvrages : 1° *le Miroir
des Dames* ; 2° *le Miroir du Monde* ; 3° *le Cloistre de l'Ame.* La plus grande
partie du volume est remplie par *le Miroir des Dames,* traité de religion et
de morale, composé par un Franciscain vers la fin du xiiie siècle, à l'usage
de Jeanne de Navarre, femme de Philippe le Bel. *Le Mirouer du Monde* est
un poëme de trois cent huit vers français, composé par le même auteur.

123. Poésies de Clotilde de Surville, poëte françois
du xve siècle, publ. par Vanderbourg. *Paris,*
1803, in-8, pap. vél. mar. r. fil. tr. dor. (*Bozérian.*)

124. LE CHAMPION DES DAMES, livre plaisant, co-
pieux et habondant en sentences, contenant la

Deffence des Dames contre Malebouche et ses
consors, et victoire d'icelle. Composé par Martin
Franc, secrétaire du pape Félix V. *On les vend à
Paris, en la boutique de Galiot du Pré (impr. par
P. Vidoue)*, 1530, pet. in-8, lettres rondes, fig.
sur bois, mar. r. fil. tr. dor.

Livre fort rare. Joli exemplaire en reliure ancienne. De la bibliothèque de
M. Desq.

125. Poésies françoises de J.-G. Alione (d'Asti),
composées de 1494 à 1528; avec une notice
biographique et bibliographique, par J.-C. Bru-
nét. *Paris, Silvestre,* 1836, in-8, mar. bl. riches
compartim. tr. dor. (*Bauzonnet-Trautz.*)

Un des trois exemplaires sur papier de Chine (n° 1).
C'est la partie française des poésies macaroniques françaises et en patois
italien, de G. Alione d'Asti, qui ont été imprimées en 1521.
Ces poésies célèbrent pour la plupart les hauts faits des Français en Italie :
la conquête du royaume de Naples par Charles VIII, la prise de Milan par
Louis XII, la bataille de Marignan, etc.
De la bibliothèque de M. Brunet. Très-belle reliure.

126. OEuvres complètes de François Villon. *Paris,
Pierre Jannet*, 1854, in-12, mar. bl. fil. tr. dor.

127. OEuvres complètes de Melin de Saint-Gelais,
avec un commentaire inédit de B. de la Mon-
noye, des remarques de MM. Philippes-Beauxlieu
et R. Dezeimeris ; édition revue, annotée et publiée par Prosper Blanchemain. *Paris, P. Daffis,*
1873, 3 tomes en 1 vol. in-16, mar. bleu jans.
dent. int. tr. dor. (*Thibaron-Joly.*)

Exemplaire sur papier de Chine.

128. Les Arrests d'amour, avec l'Amant rendu corde-
lier, par Martial d'Auvergne. *A Amsterdam*, 1731,
pet. in-8, mar. v. fil. (*Bauzonnet.*)

Exemplaire non rogné.

129. Les OEuvres de Clément Marot, de Cahors. *A
la Haye, chez Adrien Moetjens*, 1700, 2 vol.
in-12, mar. vert. fil. tr. dor. (*Derome.*)

Très-bel exemplaire de cette édition elzévirienne. L'exemplaire a 130 mill.
de hauteur, et la reliure est signée.

130. OEuvres de Clément Marot. *La Haye, Adrien Moetjens,* 1700, 2 vol. in-12, mar. r. fil. tr. dor.
130 millim.

131. Marot (Clément). OEuvres. *Lyon, Scheuring,* 1869, 2 vol. in-8, br. non coupés.

Exemplaire en *papier Whatman,* épuisé et rare. Très-jolie édition, parfaitement imprimée.

132. Remonstrance à Sagon, à la Hueterie et au poëte Campestre, par maistre Daluce Locet, Pamanchois. *S. l. (Paris). On les vend au Mont Sainct-Hylaire, s. d.,* pet. in-8, 8 ff. mar. r. fil. tr. dor. (*Capé.*)

Édition originale d'une des pièces du différend de Marot avec Sagon.

133. Controuerses des sexes (les) masculin et femenin (par Gratian du Pont, seigneur de Drusac), auecq priuilege du roi. (A la fin :) *Tholose, Jacques Colomies,* 1534, pet. in-fol. goth. à longues lig. fig. sur bois, mar. cit. fil. tr. d. (*Bauzonnet.*)

Livre rare et curieux. Voir la description qu'en donne Brunet, t. II, col. 251.

134. Les Marguerites de la Marguerite des princesses, très-illustre royne de Navarre. *Paris, par la vefue François Regnauld,* 1554, 2 vol. in-16, mar. r. fil. tr. dor. (*Derome.*)

Exemplaire très-joli de reliure, mais dont quelques feuillets du tome Ier ont beaucoup souffert.

135. Recueil de poésies, présenté à Madame Marguerite, sœur unique du roy, par J. D. B. A. (Joachim du Bellay, Angevin). *Paris, Fréd. Morel,* 1561, in-4, mar. bl. doublé de mar. orange, ornements sur les plats, tr. dor. (*Chambolle-Duru.*)

Très-bel exemplaire.

136. Les OEvvres françoises de Joachim dv Bellay. *Paris, Federic Morel,* 1569, in-8, mar. r. dos orné, compart. tr. dor. (*Duru.*)

Première édition collective des poésies de Joachim du Bellay. Elle se com-

pose de neuf parties, toutes ayant une pagination à part, et des titres parti-
culiers avec la date de 1568.
Exemplaire grand de marges et bien conservé.

137. GAUCHET (Claude). Le Plaisir des champs,
divisé en quatre parties, où est traité de la chasse
et de tout autre exercice récréatif. *Paris, Nicolas Chesneau,* 1583, in-4, v. f. (*Anc. rel.*)

Poëme rare. Il est suivi de l'*Interprétation des mots de vénerie.*
Exemplaire grand de marges (229 millim.).

138. OEuvres de Regnier, édition Louis Lacour.
Paris, Académie des bibliophiles, 1867, 1 vol.
in-8, demi-rel. h. bleu.

L'un des quinze exemplaires sur *papier de Chine.*

139. MATHURIN REGNIER. OEuvres, texte original avec notice, par Courbet. *Paris, Lemerre,*
1869, in-12, maroq. r. jans. doublé de mar. r.
dentelle XVII° siècle, tr. dor. (*Thibaron, doré par
Marius Michel.*)

Bel exemplaire en papier Whatman.

140. REGNIER. Les OEuvres, texte original avec notice, variantes et glossaire, par E. Courbet. *Paris,
Alph. Lemerre,* 1869, pet. in-12, br.

141. RONSARD. Les OEuvres. *Paris,* 1610, 10 tomes en 5 vol. in-12, maroq. r. jans. doublés de
mar. v. fil. tr. dor. (*Chambolle-Duru.*)

Très-bel exemplaire, grand de marges (145 millim.). A la fin du 5° volume
se trouve : Recueil des odes, hymnes et autres œuvres retranchées. *Paris,
Buon,* 1609.

142. Les Gayetez et les Épigrammes de Pierre de
Ronsard, gentilhomme Vandomois. *A Turin, chez
J.-F. Pico,* 1573, pet. in-12, portr. dos et coins
de mar. citron, fil. tête dor. ébarbé.

Réimpression tirée à 110 exemplaires. L'un de 6 exemplaires sur papier
de Chine, n° 1.

143. Les OEuvres poétiques de Vauquelin des Yveteaux, publiées par Prosper Blanchemin. *Paris,*

Aug. Aubry, 1854, in-8, mar. br. fil. tr. dor. (*Capé.*)

A la fin du volume on a joint : *Vauquelin des Yveteaux, par M. Ra-thery.*

144. HEPTAMÉRON DE LA NAVARRÉIDE (l'), ou Histoire entière du royaume de Navarre depuis le commencement du monde, tirée de l'espagnol de dom Charles, Infant de Navarre, continuée de l'histoire de Pampalonne de N. l'Evesque, etc. Le tout fait et traduit par le sieur de la Palme (Pierre-Victor Palma-Cayet.) *Paris*, *P. Portier*, 1602, un tome en 2 vol. in-12, v. m. fil. tr. dor. (*Rel. anc.*)

C'est un poëme en vers français; il est divisé en sept livres, et chaque livre contient plusieurs chants.

145. Les Satyres de J. Juvénal d'Aquin, traduites en françois, avec sommaires et annotations, par A. (André) du Chesne, Tourangeau. *Paris, J. le Bouc*, 1607. — Les Satyres d'Aule Perse, trad. en françois, avec... annotations, par A. du Chesne. *Paris, J. le Bouc*, 1606. — En 1 vol. pet. in-8, demi-rel. dos et coins de mar. r. dos orné. (*Capé.*)

Traductions rares.

146. COURVAL-SONNET. Les OEuvres satyriques du sieur de Courval-Sonnet. *Paris, chez Rollet-Bou-tonné*, 1622, in-8, mar. r. fil. tr. dor. (*Niedrée.*)

Bel exemplaire (163 millim.).

147. OEuvres du sieur Gaillard. *Paris, Dugast*, 1634, 2 part. en 1 vol. pet. in-8, titre gravé, fig. mar. r. dos orné, fil. tr. dor. (*Trautz-Bauzonnet.*)

Livre fort rare et singulier. L'auteur était une espèce de fou, laquais de Mgr de Vic, archevêque d'Auch. Dans la seconde partie se trouve une comédie intitulée : *la Furieuse Monomachie de Gaillard et Bracquemart.* Bracquemart était un autre laquais qui, comme Gaillard, se mêlait de faire des vers.

Le titre du volume est orné d'une jolie gravure en taille-douce représentant Gaillard en pied et jouant de la flûte. — Raccommodages à quatre feuillets dans la marge du bas.

148. Les Chevilles de M° Adam (Billaut), menuisier de Nevers (avec une préface, par l'abbé de Marolles). *Paris, Toussaint Quinet,* 1644, in-4, portr. mar. bl. tr. dor. (*Thibaron-Joly.*)

Bel exemplaire. Édition originale.

149. Les Sentimens universels, de Messire Pierre Forget, sieur de Beauvais et de la Picardière. *Paris, Anthoine de Sommaville,* 1646, pet. in-12, v. f. fil.

Exemplaire de Pixerécourt. C'est un recueil de 1042 quatrains moraux.

150. Escole de Salerne (l'), en vers burlesques, par L. M. P., docteur en médecine. *Paris, Jean Henault,* 1650, in-4, demi-rel. mar. tr. sup. dorée, titre gravé.

151. Miséricorde de Dieu (la) sur la conduite d'un pécheur pénitent avec quelques autres pièces chrétiennes, le tout composé et mis en lumière par luy-même en réparation du passé. *A Blois, chez Jules Hatout,* 1660, un vol. in-4, rel. pleine mar. rouge jans., dent. int. tr. dor., figures. (*Hardy.*)

Très-bel exemplaire d'un livre de poésies rares, dédié à Gaston d'Orléans.

152. Boileau. OEuvres diverses du sieur D***, avec le traité du sublime ou du merveilleux dans le discours. *Paris,* 1674, in-12, mar. rouge, jans. dent. int. tr. dor. (*Hardy-Mennil.*)

Très-bel exemplaire.

153. BOILEAU. OEuvres diverses du S^r D***. *Paris, Denys Thierry,* 1685, in-12, titre gravé, maroq. v. doublé de mar. r. fil. tr. dor. (*V. Niedrée.*)

Précieux exemplaire en tête duquel se trouve cet ENVOI AUTOGRAPHE DE BOILEAU : *Pour Monsieur Boileau, payeur des rentes, par son très-humble et très-obéissant serviteur Despréaux.*

154. Boileau. OEuvres. *Paris, David,* 1757, 3 vol. in-12, mar. r. (*Anc. reliure.*)

155. Boileau. OEuvres, avec un nouveau commentaire par Amar. *Paris, Lefèvre,* 1821, 4 vol. in-8, mar. bl. fil. tr. dor. (*Simier.*)

Exemplaire en grand papier vélin, avec les figures de Desenne avant la lettre.

156. Boileau. Les Satires, réimprimées sur l'édition de 1701, avec notes par de Marescot. *Paris, Jouaust,* 1868, in-8, maroq. rouge fil. tr. dor. (*Brany.*)

Exemplaire en papier Whatman.

157. OEUVRES POÉTIQUES DE BOILEAU. Eaux-fortes de V. Foulquier. *Tours, Mame,* 1870, grand in-8, mar. la Vallière, mosaïque de maroquin vert foncé, couvert de dorures à la fanfare, doublé de maroquin la Vallière, mosaïque de mar. v. large dentelle intérieure.

Superbe exemplaire en grand papier de Hollande.

158. La Fontaine. Fables, ornées de douze dessins originaux. *Paris, Jouaust,* 1873, 2 vol. gr. in-8, brochés.

Exemplaire sur chine.

159. FABLES DE LA FONTAINE. Gravures à l'eau-forte par Foulquier. *Tours, Mame,* 1875, grand in-8, mar. r. jans. doublé de mar. v. large dent. (*Chambolle-Duru, dorure de Marius Michel.*)

Superbe exemplaire en grand papier de Hollande.

160. CONTES ET NOUVELLES EN VERS, par M. de la Fontaine. *Amsterdam,* 1762, 2 vol. in-8, figures, mar. r. fil. tr. dor.

Reliure ancienne. Armoiries ajoutées sur les plats.

161. Paraphrase sur le livre de Job, en vers françois, par D. Gatien de Morillon, bénédictin (de Tours). *Paris, L. Billaine,* 1668, in-8, front. gr. par Chauveau, v. fil. tr. dor. à la Derome. (*Capé.*)

162. Le Calvaire prophané, ou le Mont Valérien usurpé par les Jacobins réformez, du faubourg

Saint–Honoré (par Duval). *Cologne, P. Marteau
(Hollande, Elzévier)*, 1670, pet. in-12, mar. r. fil.
tr. dor.

Poëme satirique. Rare.

163. Paraphrase sur le livre de Tobie en vers françois, par dom Gatien de Morillon, bénédictin (de
Tours). *A Orléans et à Paris, chez L. Billaine,*
1675, in-12, veau f. fil. tr. dorée. (*Capé.*)

164. Arnauld d'Andilly. Stances choisies sur la vie
de Jésus-Christ et sur diverses véritez chrétiennes,
dédiées à leurs Altesses Sér. M. le prince de Pié-
mont et M. le duc d'Aouste. *S. l. (Chambéry?).
Imprimé pour l'usage de leurs AA. SS.* 1711,
in-8, mar. br. tr. dor. (*Chambolle.*)

Édition rare et qui, comme on le voit par la suscription, n'a pas été
faite pour le public. Le titre courant à chaque page est orné des armes de
Savoie.

165. La Motte. Fables nouvelles, dédiées au Roy,
par M. de la Motte, de l'Académie françoise, avec
un discours sur la fable. *A Paris, chez Grégoire
Dupuis,* 1719, in-4, front. et vignettes grav. veau
antiq.

Exemplaire en grand papier.

166. Voltaire. La Ligue, ou Henry le Grand,
poëme épique, par M. de Voltaire. *Genève, Jean
Mokpap,* 1723, in-8, vél.

Première édition, publiée par l'abbé Desfontaines.

167. Histoire des amours et des infortunes d'Abé-
lard et d'Eloïse, mise en vers satiri-comi-burles-
ques. *A Cologne, chez Pierre Marteau,* 1724,
in-12, front. gravé, mar. v. tr. dor. (*Koehler.*)

Exemplaire de Ch. Nodier.

168. Le Vice puni, ou Cartouche, poëme, avec
figures de Bonnart. *Paris, Prault,* 1726, in-8,
demi-rel. dos et coins mar. grenat. (*Allô.*)

169. Les Dons des enfants de Latone. La Musique et la Chasse du cerf, poëmes dédiés au roy. *Paris, Prault,* 1734, in-8, fig. et musique notée, mar. vert russe, tr. dor. (*Petit.*)

Bel exemplaire.

170. Les Dévirgineurs et Combabus, contes en vers. *A Amsterdam,* 1765, gr. in-8, pap. de Holl. fig. d'Eisen, demi-rel. v. f. n. rogn.

171. L'Heureux Jour, épître à mon ami. *Paris, Du-chane.* — La Vestale Clodia à Titus, *s. l. n. d.* — Bagatelles anonymes. *Genève,* 1766. — Suite des Bagatelles anonymes. *Genève,* 1767. — Lettre de Valcour à son père. *Paris, Jorry,* 1767. — Lettre de Gabrielle de Vergy à sa sœur. *Paris, Jorry,* 1766. — Le Matin, imitation de l'allemand de M. Haller. *S. l. n. d.* — 7 ouvrages en 1 vol. in-8, front. et fig. d'Eisen, v. f. ant. fil. tr. dor.

172. Bernis. OEuvres complètes de M. le C. de B*** (de Bernis). *Londres,* 1762, 2 tomes en 1 vol. in-12, maroq. rouge, fil. tr. dor. (*Anc. rel.*)

173. Les Quatre Parties du jour, poëme traduit de l'allemand de M. Zacharie. *Paris, Musier,* 1769, gr. in-8, demi-rel. mar. v.

Figures d'Eisen.

174. Les Grâces. *A Paris, chez Laurent Rault,* 1769, in-8, demi-rel. mar. r.

Figures de Cochin et de Moreau. Frontispice d'après Boucher.

175. Narcisse dans l'isle de Vénus, poëme. *Paris, s. d.,* fig. de Saint-Aubin. — Les Soupirs du cloître, par Guymond de la Touche. *Londres,* 1770, figures de le Prince et d'Eisen. — Le Faux Ibrahim. *Paris,* 1777. — Épître de Pierre Bagnolet. *S. d.,* fig. de Marillier. 4 parties en 1 vol. in-8, demi-rel. mar.

176. Les Bains de Diane, ou le Triomphe de l'amour, poëme. *Paris, Costard,* 1770, figures de Marillier.

— Zélis au bain, poëme en quatre chants. *Genève, s. d.*, figures d'Eisen. 2 tomes en 1 vol. in-8, demi-rel. mar. v.

177. Phrosine et Mélidore, poëme. *A Messine, et se trouve à Paris chez le Jay*, 1772, in-8, broché.

Papier de Hollande. Figures d'Eisen avant la lettre.

178. LE JUGEMENT DE PARIS, poëme en IV chants, suivi d'œuvres mêlées; nouvelle édition, par Imbert. *Amsterdam*, 1774, gr. in-8, mar. r. fil. tr. dor. (*Anc. rel.*)

Figures de Moreau. Exemplaire aux armes du marquis de Coislin. Les gardes ont été renouvelées.

179. OEuvres poétiques de M. Imbert. *A la Haye, chez Jean Neaulme*, 1777, in-12, chagr. r. non rogné.

180. Les Quatre Heures de la toilette des dames, poëme dédié à M^{mo} la princesse de Lamballe, par de Favre. *Paris, Bastien*, 1777, gr. in-8, demi-rel. mar. r.

Figures de G. Le Clerc.

181. LES BAISERS, précédés du Mois de mai, poëme. *A la Haye, et se trouve à Paris chez Lambert*, 1770, in-8, figures d'Eisen, papier de Hollande, v. mar. fil. (*Anc. rel.*)

Belles épreuves. Les imitations se trouvent à la fin du volume.

182. CHOIX DE CHANSONS mises en musique par M. de la Borde, ornées d'estampes par J.-M. Moreau. *A Paris, chez de Lormel*, 1773, 4 tomes en 2 vol. gr. in-8, figures, maroq. rouge, fil. tr. dor. (*Petit.*)

Bel exemplaire, grand de marges, avec témoins.

183. Musarion, ou la Philosophie des Grâces, poëme en trois chants de Wieland, trad. de l'allemand. *Basle, Thurneysen,* 1780, fig. de Saint-Quentin. — La Pipe cassée, poëme (par Vadé). *S. l. n. d.*,

vignette d'Eisen. — Le P** nageur (par Cailhava).
3 parties en 1 vol. in-8, v. marbré.

184. L'Occasion et le Moment, ou les Petits Riens,
par un amateur sans prétention. *A la Haye, et se
trouve à Paris chez Jombert,* 1782, 2 vol. in-18,
mar. r. fil. tr. dor. (*Derome.*)

185. Zélis au bain, poëme en quatre chants (par de
Pezay). *Genève, s. d.,* in-8, mar. r. fil. tr. dor.

Frontispice et figures d'Eisen.

186. PETIT-NEVEU (le) de Bocace, ou Contes nouveaux en vers. *Amst.,* 1787, 3 vol. in-8, demi-
rel. mar. rouge n. rogn.

Bel exemplaire sur papier rose.

187. Saint-Lambert. Les Saisons, poëme. *Paris, de
l'imprimerie de Didot l'aîné, l'an IV* (1796).
Grand in-4, mar. r. dent. tr. dor.

Exemplaire en grand papier vélin. Édition ornée des belles estampes gravées sur cuivre d'après les dessins de Chaudet.

188. OEUVRES DE GRÉCOURT. *Paris,* 1796, 4 vol.
in-8, v. f. fil. tr. dor. (*Chiffre sur les plats.*)

Exemplaire en papier vélin. Portrait et figures avant la lettre.

189. PARNY. OEuvres choisies, augmentées des variantes de texte et des notes (avec une notice sur
Parny, par Boissonade). *Paris, Lefèvre (impr. de
J. Didot),* 1827, gr. in-8, mar. citr. dos orné, fil.
tr. dor. (*Thibaron.*)

Bel exemplaire en GRAND PAPIER VÉLIN.

190. GILBERT. OEuvres complètes, publiées pour la
première fois avec les corrections de l'auteur et
les variantes. *Paris, Dalibon,* 1823, gr. in-8, mar.
citron, mosaïques, tr. dorée. (*Thouvenin.*)

Portrait et figures de Desenne.

191. Le Triomphe du beau sexe, ou l'Honneur des
dames vengé. — Adélaïde, ou l'Innocence recon-
nue, enrichie de figures en taille-douce, petit
secrétaire à la mode. *Paris, chez Desnos,* in-32,

titre gravé, frontispice et 10 figures, cartonné en
parchemin.

192. Sainte-Beuve. — Vie et Poésies et Pensées de
Joseph Delorme. *Paris, Delangle,* 1829, in-12,
cartonné.

Envoi autographe signé de l'auteur.
1re ÉDITION.

193. A. de Musset. Poésies complètes. *Paris, Char-
pentier,* 1840, gr. in-8, cartonné, non rogné.

Plusieurs pièces paraissent ici pour la première fois.

94. Contes rémois (par le comte de Chevigné).
Paris, Hetzel, 1843, in-8, v. f. t. dor.

Illustrations de Perlet.

195. Comte de Chevigné. Les Contes rémois, neu-
vième édition. *Paris, Jouaust,* 1871, in-12, cart.
en parchemin vert, non rogné.

Un des 30 exemplaires sur papier de Chine.

196. Les Camées parisiens, par Théodore de Ban-
ville, frontispice avec portraits à l'eau-forte de
Hulm. *Paris, chez René Pincebourde,* 1866-1873,
3 séries en 1 vol. cartonné non rogné.

Exemplaire sur papier de Chine, avec dix exemplaires du frontispice, tirés
en noir, en rouge et en bistre.

POÈTES ÉTRANGERS.

197. ARIOSTE. Roland furieux, mis en françois de
l'italien de Loys Arioste.... Depuis en cette édition augmenté de figures et de cinq chantz tra-
duictz de l'italien du même auteur (par Gabr.
Chappuys). *Lyon, Barth. Honorat,* 1577, in-8, fig.
sur bois à chaque chant, v. f. fil. tr. dor. (*Simier.*)

198. JÉRUSALEM DÉLIVRÉE, poëme du Tasse, traduit
de l'italien. *Paris, Bossange,* 1810, 2 vol. in-8,
v. f. fil. tr. dor.

Figures avant la lettre et eaux-fortes.

L.   3

THÉATRE.

199. Ancien Théâtre français, publ. par Viollet-le-Duc. *Paris, Jannet,* 1854, 3 vol. in-16, mar. r. fil. tr. dor.

Tomes Ier à III.

200. Nativité de Nostre-Seigneur Jésus-Christ. — Moralité très-excellente à l'honneur de Nostre-Dame. — Mystère de Monseigneur Sainct-Martin. *Paris, Sylvestre,* 1839-1841, 3 ouvrages en 1 vol. in-16, fig. dos et coins de chag. br. tête dor. non rogn.

Réimpression en caractères gothiques, avec figures sur bois.

201. Desmarest de Saint-Sorlin. Aspasie, comédie. *Paris, Jean Camusat,* 1636, in-4, mar. fil. tr. dor. (*Capé.*)

202. L'Amphitrite de M. de Monléon (poëme dramatique en cinq actes), dédiée à M. le marquis d'Effiat. *Paris, veuve Guillemot,* 1630, in-8, mar. bl. dos orné, fil. tr. dor. (*Thibaron.*)

203. Corneille (P.). Le Théâtre de P. Corneille. Nouvelle édition, revue, augmentée des pièces dont l'avis au lecteur fait mention et enrichi de tailles-douces. *A Amsterdam (la Sphère), chez Henri Desbordes,* 1781, 5 vol. in-12, parch.

Bel exemplaire d'une jolie édition, estimée et peu commune.

204. Molière. OEuvres. *Paris, Denis Thierry et Claude Barbin,* 1682, 8 vol. in-12, v. f.

Première édition complète. Exemplaire en ancienne reliure.

205. OEuvres de J.-B. Poquelin de Molière. *Paris, de l'imprimerie de P. Didot,* 1791-1792, 6 vol. in-4, demi-mar. la Vall. coins, tr. dor. n. r. fig.

Bel exemplaire de la collection du dauphin, non rogné. Édition tirée à 200 exemplaires. — A cet exemplaire est jointe la suite des *figures* de Boucher, 33 planches, portrait par *Coypel;* la première suite de Moreau, 33 figures et portrait par *Mignard;* la deuxième suite de Moreau, 31 figu-

res ; la suite d'*Horace Vernet*, 18 planches, et différentes figures et portraits.
Ensemble, 129 pièces, ce qui constitue un très-bel exemplaire.
Toutes les planches ont été remontées de format in-4°.

206. MOLIÈRE. — Le Théâtre de J.-B. Poquelin de
MOLIÈRE, orné de vignettes gravées à l'eau-forte
par Hillemacher. *Lyon, Nic. Scheuring*, 1864,
8 vol. in-8, mar. r. fil. tr. dor. (*Cuzin.*)

Très-bel exemplaire. A la fin du 8ᵉ volume se trouve la *Cérémonie du
Malade imaginaire.*

207. GALERIE HISTORIQUE des portraits des comédiens de la troupe de Molière, gravés à l'eau-
forte par Fréd. Hillemacher; seconde édition.
Lyon, Nic. Scheuring, 1869, in-8, portraits, mar.
r. fil. tr. dor. (*Cuzin.*)

Bel exemplaire.

208. GALERIE HISTORIQUE des portraits des comédiens de la troupe de Voltaire, gravés à l'eau-
forte par Hillemacher. *Lyon, Scheuring*, 1861,
in-8, portraits, mar. r. fil. tr. dor. (*Cuzin.*)

Rare. Bel exemplaire.

209. GALERIE historique des comédiens de la troupe
de Nicolet, avec des portraits gravés à l'eau-forte,
par Hillemacher. *Lyon, Scheuring*, 1869, in-8,
portraits, maroq. r. fil. tr. dor. (*Cuzin.*)

Très-bel exemplaire.

210. GALERIE HISTORIQUE des Comédiens de la
troupe de Talma, avec des portraits gravés à
l'eau-forte par Fr. Hillemacher. *Lyon, Scheuring,* 1866, in-8, mar. r. fil. tr. dor. (*Cuzin.*)

Bel exemplaire.

211. LES OEUVRES DE MOLIÈRE, avec notes et variantes, par Alphonse Pauly. *Paris, Lemerre, s.
d.,* 8 vol. in-12, portr. br.

Exemplaire sur papier Whatman, n° 77. Deux épreuves du portrait avant
la lettre, dont une sur chine.

212. OEUVRES DE RACINE. *Paris, P. Trabouillet,* 1687, 2 vol. in-12, front. et fig. de Chauveau, mar. bl. dor. (*Thibaron.*)

Édition rare et recherchée. C'est la première qui contient *Phèdre*. Bel xemplaire.

213. THÉATRE COMPLET DE JEAN RACINE. *Paris, P. Didot,* 1816, 3 vol. in-8, chag. r. fil. tr. dor.

Papier vélin. Figures avant la lettre.

214. LES OEUVRES DE JEAN RACINE, texte original avec variantes. Notice, par Anatole France. *Paris, Lemerre, s. d.,* 5 vol. in-12, portr. br.

Exemplaire sur papier Whatman, n° 73. Double épreuve du portrait, un bistre avec la lettre, et l'autre, noir, avant la lettre.

215. Les OEuvres de M. (Raymond) Poisson. *La Haye, Abraham Trojel,* 1680, pet. in-12, front. gravé, mar. r. dos orné, fil. tr. dor. (*Chambolle-Duru.*)

Jolie édition, qui se joint à la collection des Elzeviers.

216. Alizon, comédie, dédiée cy-devant aux jeunes veuues et aux vieilles filles et à présent aux beurrières de Paris. *A Paris, chez Jean Guignard,* 1664, in-12, figures, demi-rel.

217. IPHIGÉNIE EN TAURIDE, tragédie, représentée pour la première fois à Châtenay, le 5 août 1713. In-4, mar. vert, doublé de maroquin citron, large dentelle, tr. dor. (*Rel. anc.*)

Manuscrit de GILBERT, daté de 1714. Le titre est sur vélin.

218. ALCESTE, tragédie-opéra. *Paris, Delormel,* 1776, in-4, maroq. r. doublé de soie rose, fil. tr. dor.

Exemplaire de Mesdames de France, filles de Louis XV.

219. THÉATRE COMPLET DE BEAUMARCHAIS, réimpression des éditions [princeps, avec les variantes des ms. originaux, publ. pour la première fois par G. d'Heylli et F. de Marescot. *Paris, Jouaust,* 1869, 4 vol. in-8, mar. r. fil. dos or-

nés, doublés de maroquin vert, dorure en plein,
genre XVIII° siècle. (*Dorure de Marius Michel.*)

L'un des 15 exemplaires sur papier Whatman.

220. Caron de Beaumarchais. La Folle Journée, ou
le Mariage de Figaro. *Paris*, 1785, pet. in-8, cart.
n. rog.

Cette édition paraît être la première du Mariage de Figaro. Le privilége
est daté du 31 janvier 1785.

221. Beaumarchais. Le Barbier de Séville et le Mariage de Figaro. *Paris, Alphonse Lemerre*, 1872,
2 vol. pet. in-12, broch. en vélin.

222. Victor Hugo. Ruy-Blas, drame. *Paris, Delloye,*
1838, in-8, demi-rel. mar. violet.

Édition originale.

223. THÉATRE DES BOULEVARDS, ou Recueil de pa-
rades. *A Mahon*, 1756, 3 vol. in-12, front. gravé,
mar. v. fil. tr. dor. (*Purgold.*)

Bel exemplaire.

---

224. Aminta, favola boschereccia di Torquato
Tasso. *Parigi*, 1813, in-12, figures ajoutées, mar.
br. dentelles, tr. dor.

225. Le Berger fidelle, pastorale. De l'italien du seigneur Baptiste Guarini, chevalier. *Tours, Iamet
Mettayer,* 1593, in-12, 5 fig. sur bois, v. m. (*Rel.
anc.*)

Le traducteur n'est nommé ni sur le titre, ni au bas de l'épître dédica-
toire. Il ne se fait connaître que par sa devise anagrammatique placée à la
fin de la Pastorale, feuillet 135 : *Rus subit ardens sol*, qui donne Rolandus
Brissetus (Roland Brisset, sieur du Jardin, gentilhomme tourangeau).
Cette édition est la première de cette traduction, qui en obtint un assez
grand nombre.

226. Le Berger fidèle, traduit de l'italien de Guarini en vers françois. *Cologne, Pierre du Marteau,*
1677, in-12, mar. v. fil.

Frontispice gravé et figures.

227. Faust, tragédie, de M. de Goethe, traduite en françois par M. Albert Stapfer. *Paris*, 1828, in-folio, maroquin vert, fil. tr. dor.

Édition ornée du portrait de Gœthe et de 17 dessins composés et exécutés sur pierre, par Eug. Delacroix.

228. OEuvres de Schiller, traduction nouvelle par Ad. Regnier. *Paris, L. Hachette*, 1859-1862, 8 vol. in-8, portrait, demi-rel. dos et coins de mar. vert foncé jans. tête dor. n. rog. (*David.*)

Exemplaire en grand papier vélin.

ROMANS.

229. Les Amours pastorales de Daphnis et de Chloé, par Longus. *Paris*, 1757, in-4, demi-rel. tr. dor.

Ornées des estampes d'Audran, d'apres le Régent. Frontispice d'après Coypel, et culs-de-lampe par Focke d'après Cochin et Eisen.

230. LONGUS. Les Amours pastorales de Daphnis et de Chloé (trad. du grec par Amyot). *S. l.*, 1718, pet. in-8, figures, mar. r. fil. tr. dor. (*Anc. rel.*)

Bel exemplaire réglé et très-grand de marges (157 millim.) de la première édition, ornée des figures du Régent. La figure des *petits pieds* ajoutée est une copie de la gravure originale.

231. Longus. Les Amours pastorales de Daphnis et Chloé, trad. du grec par Amyot. *Paris, Didot*, 1800, in-4, pap. vélin, mar. tr. fil. tr. dor.

Figures de Prudhon et Gérard avant la lettre.

232. LONGUS. Daphnis et Chloé, traduction d'Amyot. *Paris, Jouaust*, 1872, in-12, pap. de Holl. mar. bl. jans. doublé de maroq. orange, dorure en parterres, rempli de feuillages, tr. dor. (*Thibaron, dorure de Marius Michel.*)

Superbe exemplaire, avec deux suites des eaux-fortes de Flameng, dont une sur chine.

233. Longus. Daphnis et Chloé, traduction d'Amyot, compositions d'Emile Lévy, gravées à l'eau-forte par Flameng, dessins de Giacomelli, gravés sur

bois par Rouget et Sargent. *Paris, Jouaust,* 1872,
pet. in-8, cart. en parchemin vert. non rogné.

Un des 50 exemplaires sur chine encadré de filets rouges, avec le tirage
hors texte sur chine avant la lettre des 4 gravures à l'eau-forte.

234. Longus. Daphnis et Chloé, trad. d'Amyot. *Paris, Jouaust,* 1872, vignettes, in-12, br.

Chef-d'œuvre d'impression.

235. Longus. Les Amours de Daphnis et de Chloé,
traduites par Jacques Amyot, texte de 1559,
suivi de la traduction, revue par Courier. *Paris,
Lemerre,* 1872, pet. in-12, broché en vélin.

236. Aventures (les) de maître Renart et d'Ysen-
grin, son compère, mises en nouveau langage,
raccontées dans un nouvel ordre et suivies de
nouvelles recherches sur le Roman de Renart,
par A. Paulin Paris. *Paris, J. Techener,* 1861,
in-12, mar. r. dos orné et à nerfs, fil. à comp.
dent. int. tr. dor. (*Belz-Niedrée.*)

237. Cent Nouvelles nouvelles (les), contenant les
cent histoires nouveaux qui sont moult plaisans à
raconter, avec d'excellentes figures en taille-
douce, gravées sur les dessins du fameux Romain
d'Hooge. *Cologne, P. Gaillard* (Holl.), 1701, 2 vol.
pet. in-8, figures, mar. bleu, fil. tr. dor. (*Anc.
rel.*)

Belles épreuves des figures tirées avec le texte, c'est-à-dire du premier
tirage.
Bel exemplaire, grand de marges. Réglé.

238. Les Cent Nouvelles nouvelles. *Cologne, Gaillard,* 1701, 2 vol. pet. in-8, v. f. fil. tr. dor.
(*Thouvenin.*)

Figures de Romain de Hooge.

239. Cent Nouvelles (les). Les dix dizaines des
Cent Nouvelles nouvelles, avec notice, notes et
glossaire, par Paul Lacroix. *Paris,* 1874, 10 parties, in-8, br. eaux-fortes.

Exemplaire en grand papier de Hollande.

239 *bis.* **RABELAIS.** Les Quatre Livres, suivis du manuscrit du cinquième livre, publiés par les soins de A. de Montaiglon et Louis Lacour. *Paris, Jouaust,* 1868, 3 vol. in-8, maroquin la Vallière, mosaïque de maroquin vert foncé, dorure à la fanfare, doublé de maroquin vert foncé, filets et coins de branchages dorés. (*Brany, dorure de Marius Michel.*)

L'un des 30 exemplaires sur papier Whatman. Superbe exemplaire. Portrait sur chine.

240. LES SEPT JOURNÉES DE LA REINE DE NAVARRE, suivies de la huitième. Planche à l'eau-forte, par Flameng. *Paris, Jouaust,* 1872, 4 vol. in-8, maroq. orange, fil. dos orné, doublé de maroquin vert olive, large dentelle, style renaissance, tr. dor. (*Chambolle-Duru, dorure de Marius Michel.*)

Superbe exemplaire sur papier Whatman. Figures avant la lettre.

241. Heptaméron. Les Sept Journées de la reine de Navarre, suivies de la huitième (édition de Claude Gruget, 1559). Notices et notes par Paul Lacroix, index et glossaire, planches à l'eau-forte par Flameng. *Paris, librairie des Bibliophiles,* 1872, 4 vol. petit in-8, demi-rel. mar. bl. tr. dor. NON ROGNES.

Exemplaire sur papier de Chine. Très-rare.

242. Des Marets. Ariane, de nouveau reveue par l'autheur et augmentée de plusieurs histoires. *Paris, Mathieu Guillemot,* 1639, in-4, mar. tr. dor. (*Anc. rel.*)

Exemplaire aux armes de Cremaux, marquis d'Entraigues. Titre gravé et figures par Abraham Bosse.

243. Fénelon. Les Aventures de Télémaque. *Paris,* 1810, 2 vol. in-4, demi-rel.

Édition ornée de 72 estampes d'après les dessins .e Monnet, gravées par Tilliard.

244. Les Nouveaux Contes des fées, par Mme de M*** (Murat). *Paris, chez la veuve Ricœur,* 1710, in-12, mar. r. tr. dor. (*Masson-Debonnelle.*)

245. Voyage de campagne, par Mme la comtesse de M*** (Murat). *La Haye, Louis et H. Van Dole,* 2 tom. en 1 vol. pet. in-12, fig. cuir de Russie, fil. (*Thouvenin.*)

Exemplaire non rogné, de Renouard et de la Bédoyère. A la suite du voyage se trouvent dix *comédies en proverbes.*

246. Rocheguilhen (Mlle de la). Dernières OEuvres de mademoiselle de la Roche-Guilhen, contenant plusieurs histoires galantes. *A Amsterdam, chez P. Market,* 1708, pet. in-12, front. gr. vélin bl. moderne, titre calligr.

Exemplaire non rogné.

247. Histoire des favorites, contenant ce qui s'est passé de plus remarquable sous plusieurs règnes, par Mlle de la Rocheguilhen. *Amsterdam, s. d.,* 2 parties en 1 vol. pet. in-8, demi-rel. dos et coins de mar. r. tr. sup. dor. n. rog.

Frontispices et portraits gravés par Harrewin.

248. Bordelon (l'abbé). Gomgam, ou l'Homme prodigieux transporté dans l'air, sur la terre et sous les eaux, par l'abbé Bordelon. *A Paris, chez la veuve Saugrain,* 1711, in-12, vélin bl. moderne, titre callig.

249. Le C*** Mitré, dialogue, *Paris, Panckoucke,* 1850, in-12, mar. rouge, jans. sur les plats dorure reproduisant le frontispice. (*Allô.*)

Réimpression à 110 exemplaires.

250. LE DIABLE BOITEUX, par le Sage. *Paris, veuve Barbin,* 1707, in-12, frontispice gravé mar. r. jans. tr. dor. (*Chambolle-Duru.*)

Édition originale.

251. LE SAGE. Le Diable boiteux. *Paris, Jouaust,* 1868, gr. in-8, mar. r. dos orné, et milieux à petits fers. (*Brany.*)

Exemplaire sur papier Whatman.

252. Le Diable boiteux, par le Sage. *Paris, chez Jouaust,* 1858, in-8, maroq. citr. tr. dor. (*Chambolle-Duru.*)

Exemplaire sur papier de Chine.

253. Suite des Mémoires et Avantures d'un homme de qualité qui s'est retiré du monde (par l'abbé Prévost). *Amsterdam* (Paris), 1733, 2 parties en 1 vol. in-12, v.

Bel exemplaire, grand de marges. Hauteur : 163 millim. C'est une des premières éditions de Manon Lescaut et le premier tirage sous cette date ; on la distingue aux pages 1 et 269, où le titre est en trois lignes, tandis qu'il est en quatre dans la réimpression de la même date.

254. MANON LESCAUT, par l'abbé Prévost, *Paris, Jouaust,* 1867, gr. in-8, mar. citr. compart. de mar. rouge et vert, dorure à petits fers en plein sur les plats, doublé de mar. r. fil. tr. dor. (*Brany, dorure de Marius Michel.*)

Exemplaire en papier Whatman. La reliure est de la plus grande beauté.

255. Manon Lescaut, par l'abbé Prévost. *Paris, Jouaust,* 1867, in-8, demi-rel. mar. lev. bleu, coins, t. dor. non rogné.

L'un des *vingt exemplaires sur papier de Chine.* Épuisé et rare.

256. HISTOIRE DU CHEVALIER DES GRIEUX ET DE MANON LESCAUT, par l'abbé Prévost. *Paris, Alphonse Lemerre,* 1870, in-12, mar. bl. jans. doublé de mar. la Val. mosaïques de maroquin de diverses couleurs, genre moderne.

Très-bel exemplaire sur papier Whatman.

257. Prévost (l'abbé). Histoire du chevalier des Grieux et de Manon Lescaut. *Paris, Alphonse Lemerre,* 1870, pet. in-12, broché en vélin.

258. Le Temple de Gnide. *Paris, de l'imprimerie de Adrien Egron, s. d.*, grand in-8, demi-rel. mar. r.

Portrait par Chaudet. Gravures de Eisen, Duplessis-Bertaux et Monnet.

259. Tanzaï et Néadarné. Histoire japonaise (par Crébillon fils). *Pékin*, 1740, 2 vol. in-12, fig. non signées, mar. citron, fil. tr. dor. (*Thibaron.*)

Exemplaire en grand papier. L'édition de 1740 est recherchée pour ses jolies figures.

260. L'Ingénu, histoire véritable, tirée des manuscrits du père Quesnel (par Voltaire). *A Utrecht,* 1767, in-8, cart. (*Raparlier.*)

Bel exemplaire de l'édition originale.

261. VOLTAIRE. La Princesse de Babylone (par Voltaire). *S. l.*, 1768, in-8, cart. (*Raparlier.*)

Édition originale. Bel exemplaire.

262. Le Diable amoureux (par Cazotte). *Naples*, 1772, in-8, mar. citron tr. dor. (*Cuzin.*)

Édition originale, avec les figures attribuées à l'auteur.

263. Lettres d'une Péruvienne, par madame de Grafigny, nouvelle édition augmentée d'une suite qui n'a point encore été imprimée. *Paris, Didot aîné,* 1797, *et se vend chez Bleuet,* portrait de de Launay, et fig. de Lefèvre, gravées par Coyny, 2 vol. in-18, mar. vert, fil. dos orné, tr. dor. non rogné. (*Cuzin.*)

264. Les Sonnettes, ou Mémoires de M. le marquis D***. *Londres (Cazin)*, 1781, in-16, mar. r. tr. dor. (*Anc. rel.*)

265. LES LIAISONS DANGEREUSES, par C*** de L***. *Londres*, 1796, 2 vol. in-8, demi-rel. mar. r.

Exemplaire en papier vélin; figures de Monnet avant la lettre.

266. Bernardin de Saint-Pierre, Paul et Virginie, avec figures. *Paris, imprimerie de Monsieur*, 1789, in-18, mar. bleu tr. dor. (*Cuzin.*)

Édition originale. Jolies figures de Moreau.

267. Les Trois Femmes, par M^mo de Charrière, orné
de 6 gravures, par Duplessis-Bertaux, Choffart et
Couché, d'après les dessins de Legrand. *Paris,
Nepveu,* 1809, in-8, demi-rel. dos et coins mar.
violet, tête dorée, non rogné.

268. Voyage autour de ma chambre, par Xavier de
Maistre. *A Paris, Aug. Renouard,* 1814, gr. in-12,
mar. gren. fil. tr. dor. (*Bauzonnet-Trautz.*)

269. Histoire du roi de Bohème et de ses sept châteaux.
Paris, Delangle, 1830, gr. in-8, mar. v. fil. tr.
dor. (*Bauzonnet.*)

Superbe exemplaire sur PAPIER DE CHINE.

270. LES CONTES DROLATIQUES, colligez ès ab-
bayes de Touraine et mis en lumière par le sieur
de Balzac pour l'esbattement des pantagruelistes et
non aultres. *Paris,* 1855, in-8, mar. vert anglais,
fil. tr. dos orné, doublé de mar. rouge antique,
couvert de dorures, dessins moyen âge. (*Hardy,
dorure de Marius Michel.*)

Superbe exemplaire de la première édition, ornée des dessins de Gustave
Doré.

271. Point de Lendemain, conte. *Paris, Leclerc,* 1866,
in-8, mar. citron, tr. dor. (*Thibaron.*)

Exemplaire sur papier de Chine.

---

272. BOCCACE. Les Dix Journées, trad. de le Maçon,
avec notice, notes et glossaires, par Paul Lacroix.
Paris, 1873, 10 part. in-8, br. (*Eaux-fortes par
Flameng.*)

Exemplaire en grand papier de Hollande.

273. HISTOIRE DE L'ADMIRABLE DON QUICHOTTE DE LA
MANCHE, traduite de l'espagnol de Michel de Cer-
vantes, nouvelle édition. *Paris, chez Jean de
Nulli,* 1733, 4 vol. == Continuation de l'histoire
de l'admirable don Quichotte de la Manche. 2 vol.
== Nouvelles Avantures de l'admirable don Qui-

chotte de la Manche. Composées par le licencié
Alonzo Fernandez de Avellaneda. *Paris,* 1716,
2 vol. = Suite nouvelle et véritable de l'Histoire et
des Avantures de l'incomparable don Quichotte de
la Manche. Traduite du manuscrit espagnol. *Paris,*
Le Clerc. 1726, 5 vol. = Histoire de Sancho
Pansa, alcade de Belndandan, suivant le sixième et
dernier volume, à la suite des Nouvelles Avantures de don Quichotte. 1 vol. = En tout 14 volumes in-8, veau fauve, fil. dos orné.

274. Sterne. Voyage sentimental, suivi des lettres
d'Yorick à Eliza, en anglais et en français. *Paris,*
Dufour, s. d., 3 vol. in-12, mar. citron, tr.
dor. *non rogné.* (*Thibaron.*)

Joli exemplaire, relié sur brochure, avec les jolies figures de Monsiau avant
la lettre.
Portrait de Sterne avant la lettre. Ajouté.

275. Voyage sentimental en France, par Sterne. *Di-*
jon, 1797, 2 vol. in-12, v. ant. fil. tr. dor.

Exemplaire en grand papier.

276. Les Mille et un Jours, contes persans, traduits en françois par Pétis de La Croix. *Paris,*
Claude Barbin, 1710, 5 tomes en 3 vol. pet. in-8,
mar. br. tr. dor.

Aux armes de la comtesse de Verrue.

FACÉTIES, ANAS, ÉPISTOLAIRES.

277. Le Sage. Meslange amusant des saillies d'esprit
et des traits historiques les plus frappans. *Paris,*
Pierre Prault, 1743, in-12, v. f. tr. dor.

278. Les Subtiles et facétieuses Rencontres de J. B.,
disciple du généreux Verboquet. *Paris, de l'impr.*
de J. Martin et de J. de Bordeaux, 1630, pet.
in-12, mar. bl. tr. dor. (*Trautz-Bauzonnet.*)

Joli exemplaire d'un volume rare.

279. Les Nouvelles et plaisantes Imaginations de Bruscambille, ensuite de ses Fantaisies. *A Berge-rac*, 1615, in-12, mar. r. tr. dor.

Un cahier plus étroit et plus court.

280. Les Facétieuses Nuits du seigneur de Strapa-role. *S. l.*, 1726, 2 vol. in-12, v. f. tr. dor. (*Thou-venin.*)

281. Facecieux Devis et plaisans Contes, par le sieur du Moulinet, comédien. *A Paris, chez Millot, s. d.*, in-12, cart. n. rog.

Réimpression faite à 76 exemplaires.

282. Jeux d'esprit et de mémoire, ou Conversations plaisantes avec des personnes les plus distinguées de l'État par leur génie et leur rang. Avec quel-ques particularitez qui se sont passées sous le règne de Louis le Grand. P. M. L. M. D. C. (par M. le marquis [Jean Brodeau] de Châtres)... *Cologne, Frédéric le Jeune (France)*, 1697, in-12, veau fauve, fil. (*Capé.*)

C'est un recueil d'anecdotes singulières et plaisantes, de bons mots, etc., que l'auteur dit avoir recueillis dans les entretiens qu'il a eus avec les esprits les plus fins et les plus éclairés de ce siècle, tels que le grand Condé, Char-les II, roi d'Angleterre, pendant son séjour en France, la reine Christine, le maréchal de Grammont, le comte de Nogent, etc.

283. Nouveaux Entretiens des Jeux d'esprit et de mémoire, ou Conversations plaisantes, &c., par le M. de Châtres. *Lyon, Jacques Lions*, 1709, in-12, v. fil. tr. dor. (*Capé.*)

Ce nouveau volume, composé d'anecdotes du même genre que celles du pre-mier volume, est très-rare.

284. Le Tracas de la foire du Pré, dialogue burles-que. *A Rouen, chez Maurry, s. d.*, in-12, mar. citr. tr. dor.

Réimpression à 60 exemplaires.

285. Les Entretiens de M. de Voiture et de M. Cos-tar. *Paris, Aug. Courbé*, 1655, in-4, titre gravé, v. f. fil. dos orné, tr. dor. (*Niedrée.*)

C'est un recueil de lettres de Voiture à Costar et de Costar à Voiture. Les lettres de Voiture qui se trouvent ici n'ont pont été insérées dans ses œuvres.

286. Les Conversations sur divers sujets, par mademoiselle de Scudéry. *A Amsterdam, chez Daniel
du Fresne*, 1685, 2 tomes en 1 vol. pet. in-12,
front. gr. mar. rouge à compart. tr. dor. (*Anc.
reliure hollandaise.*)

287. Arlequiniana, ou les Bons Mots, les Histoires
plaisantes et agréables recueillies des conversations d'Arlequin. *A Paris, chez Pierre Delaulne*,
1694, in-12, v. f. tr. dor. (*Simier.*)

288. L'Éloge des T***, ouvrage curieux, galant et
badin. *Cologne,* 1775, in-8, fig. ajoutées, demi-rel.
mar.

289. Les Mondes célestes, terrestres et infernaux...
L'Enfer des escoliers, des mal mariez, des p......
et ruffians, des soldats et capitaines poltrons... des
poëtes, etc., tirez des OEuvres de Doni, par Gabriel Chappuis, Tourangeau, depuis... augmentez
du Monde des cornuz et de l'Enfer des ingrats, par
F. C. T. *Lyon, Est. Michel,* 1583, 2 part en 1 vol.
in-8, fig. sur bois, demi-rel. dos et coins de mar.
r. (*Capé.*)

C'est la troisième édition, la plus complète, de cet ouvrage. Dans *le Monde
des Cornuz* se trouve une comédie en vers intitulée : *l'Avare cornu.*

290. Les Contes de Pogge Florentin, avec des réflexions. *Amst., J.-Fr. Bernard,* 1712, in-12,
frontisp. gravé, mar. r. fil. tr. dor.

291. C. Plinii Cæcilii Secundi Epistolarum libri X
et Panegyricus. *Lugduni Batav., ex officina Elze-
viriana,* 1640, pet. in-12, mar. vert, tr. dor.
(*Trautz-Bauzonnet.*)

Hauteur : 126 millim. Bel exemplaire.

292. Lettres choisies de madame de Sévigné, eaux-
fortes par V. Foulquier. *Tours, Alfr. Mame,* 1871,
gr. in-8, mar. r. jans. doublé de mar. v. olive,
couvert de dorures représentant un parterre
Louis XIV, tr. dor. (*Chambolle-Duru, dorure de
Marius Michel.*)

Superbe exemplaire en grand papier de Hollande.

293. SÉVIGNÉ. Lettres, de sa famille et de ses amis, recueillies et annotées par M. Monmerqué. Nouvelle édition, augmentée de lettres inédites, d'une nouvelle notice, d'un lexique, de portraits, vues et fac-simile. *Paris, L. Hachette,* 1862-1866, 15 vol. gr. in-8, dont 1 vol. pour l'appendice au tome XII et pour l'album de portr. vues et fac-simile, mar. la Vall. fil. dos ornés, non rog. (*Hardy.*)

Bel exemplaire en GRAND PAPIER DE HOLLANDE, très-rare. On y a joint les PORTRAITS GRAVÉS PAR CÉRONI, d'après les émaux de Petitot, sur papier de Chine avant la lettre.

POLYGRAPHES.

294. BRANTOME. OEuvres complètes, publ. par Lud. Lalanne. *Paris, Renouard,* 1864, 8 vol. in-8, brochés.

Excellente édition, dont les premiers volumes sont devenus rares.

295. BALZAC. OEuvres. *A Leide, chez les Elzevier,* 1651-1662, 7 vol. in-12, mar. r. jans. (*Chambolle-Duru.*)

130 millim.

296. BALZAC. Socrate chrétien et autres OEuvres du même autheur. *Paris, Augustin Courbé,* 1652, in-4, titre gravé, mar. vert, tr. dor. (*Allô.*)

Très-bel exemplaire de l'édition originale, en grand papier.

297. OEUVRES DE M. SCARRON. *A Amsterdam, chez Wetstein,* 1752, 7 vol. in-12, mar. citr. fil. tr. sup. dorée. (*Masson et Debonnelle.*)

Exemplaire non rogné.

298. SCARRON. OEuvres. *Amsterdam, Wetstein,* 1752, 7 vol. pet. in-12, mar. r. jans. tr. dor. (*Duru.*)

299. Les OEuvres de M. l'abbé de Saint-Réal. Nouvelle édition, rangée dans un meilleur ordre et augmentée. *Paris, Huart,* 1745, 3 vol. in-4, veau écaille, 3 frontispices gravés et portrait.

300. OEuvres mêlées de L. Dutens (contenant : Traité
des pierres précieuses; le Tocsin; la Logique; Dis-
sertation sur la famille des Scipions; Lettres, Poésies, &c.). *Genève, Bonnant,* 1784, in-8, veau ant.
dent.

Exemplaire en papier fort. De la bibliothèque de J.-J. de Bure.

301. VOLTAIRE. Collection complètte [sic] des
œuvres de M. de Voltaire. *Genève,* 1768-74, 24 vol.
in-4, rel. pl. mar. rouge, dos orné, fil., dent. int.
tr. dor. (*Derome.*)

Splendide exemplaire dans une très-belle reliure ancienne. Édition ornée
des *figures de Gravelot* en belles épreuves.

HISTOIRE.

302. DISCOURS SUR L'HISTOIRE UNIVERSELLE,
par Bossuet, gravures à l'eau-forte, par V. Foulquier. *Tours, Mame,* 1870, gr. in-8, mar. r. jans.
doublé de mar. r. dorure à petits fers, genre le
Gascon. (*Chambolle-Duru, dorure de Marius Michel.*)

Très-bel exemplaire en grand papier de Hollande.

303. J. CÆSARIS quæ exstant omnia, cum notis vario-
rum. *Lugd. Bat.,* 1713, in-8, titre gravé, mar. r.
fil, tr. dor. (*Reliure anglaise.*)

Bel exemplaire d'une excellente édition, ornée de figures.

304. APPIEN Alexandrin, des Guerres des Romains,
trad. du grec en françois par Odet Philippe, sieur
des Mares, conseiller du roy au siége de Falaise.
Paris, Ant. de Sommaville, 1659, in-fol. v.

Aux armes de Pompadour, avec l'*ex-libris* de Crécy.

HISTOIRE DE FRANCE.

305. Recherches curieuses des monnoyes de France, depuis le commencement de la monarchie, par Claude Bouterouë. *Paris, Edme Martin*, 1666, in-fol. fig. mar. bl. dos orné, comp. à la Du Seuil, tr. dor. (*Rel. anc.*)

Bel exemplaire en grand papier d'un livre rare, surtout sur ce papier.

306. Gaguin. Cest le sommaire historial de France... depuis le premier roy de France jusques au roy François premier... selon les tres-copieux et veritables volumes de frere Robert Gaguin... et autres... *On les vend a Paris en la rue Saint-Jaques, a lenseigne de la Rose blanche couronnée par Philippe le Noir*, s. d., in-fol. goth. à 2 col. fig. s. b. demi-rel. v. bl.

Exemplaire parfaitement conservé. Le privilége est du 4 janvier 1523. La gravure qui précède le titre se trouve dans cet exemplaire.

307. Histoire amoureuse des Gaules, par Bussi-Rabutin. *S. l. n. d.*, in-12, vélin, tr. dor.

Frontispice gravé. Édition elzévirienne.

308. Histoire amoureuse des Gaules. *A Liége, à la croix de Malte*, s. d., in-12, mar. bl. tr. dor. (*Trautz-Bauzonnet.*)

138 millim. Le dernier feuillet est raccommodé.

309. Galanteries des rois de France, par Henri Sauval. *Suivant la copie imprimée à Paris, chez Charles Moette*, 1738, 2 vol. pet. in-8, frontispice gravé, mar. r. fil. tr. dor. (*Koehler.*)

310. Les Demandes faites par le roi Charles VI, touchant son état et le gouvernement de sa personne. *Paris, Crapelet*, 1833, gr. in-8, fig. pap. vél. chagr. r. tr. dor. (*Allô.*)

311. Les Mémoires de messire Philippe de Commines. *A Leide, chez les Elzeviers*, 1648, in-12, frontispice gravé, mar. r. fil. tr. dor. (*Thouvenin.*)

128 millim.

312. Les Mémoires de Philippe de Commines. *A Leide, chez les Elzeviers*, 1648, in-12, titre gravé, mar. r. fil. tr. dor. (*Anc. rel.*)

130 millim.

313. Histoire de la vie et des actions mémorables de Jean Le Maingre, dit Boucicault, maréchal de France, contenant les exploits qu'il a faits aux environs de Constantinople ; avec la Révolution de Gennes et autres particularitez, etc. *Cologne, Pierre Marteau*, 1737, in-12, demi-rel. v. f. dos orné. (*Capé.*)

Exemplaire non rogné.

314. Mémoires de messire Pierre de Bourdeille, seigneur de Brantôme, contenant les Vies des dames illustres de France de son temps. *Sur l'imprimé à Leyde, chez Jean Sambix le jeune, à la Sphère*, 1665, in-12, bas. tr. dor.

131 millim.

315. Recueil de diverses pièces servant à l'histoire de Henry III. *A Cologne, chez Pierre du Marteau*, 1663, in-12, mar. r. tr. dor. (*Petit.*)

316. Remonstrance av roy très-chrestien Henry III de ce nom, roy de France et de Pologne, sur le faict des deux édicts de maiesté donez à Lyon, l'vn du X de septembre et l'autre du XIII d'octobre dernier passé, présente année 1574, touchant la nécessité de la paix et moyens de la faire. *A Francfort*, 1574, in-8, v.

Exemplaire grand de marges.

317. Lettre du Roy envoyée à messieurs du Parlement sur la réduction de la ville de Lyon. *Tours, Jamet Mettayer*, 1594, pet. in-8, cart.

Rare.

318. L'Enfer du détestable Ravaillac, pour le parricide commis contre la personne de très-chrestien et toujours victorieux prince Henry le Grand, roy de France et de Navarre. *A Bordeaux, jouxte la copie imprimée à Paris, par Jérémie de la Rivière,* 1610, pet. in-8, cartonné.

Pièce rare.

319. La Conjuration de Conchine. *Paris, Pierre Rocolet,* 1618, pet. in-8, mar. bl. tr. dor. (*Duru.*)

Portrait par Montcornet.

320. Mémoires du duc de Rohan, sur les choses advenues en France depuis la mort de Henry le Grand, jusques à la paix faite avec les réformez, au mois de juin 1629. *A Paris, sur l'imprimé à Leyden, chez Louys Elzevier,* 1661, in-12, mar. v. tr. dor. (*Anc. rel.*)

321. Deus Harangues panegyriques, l'une de la pais, l'autre de la concorde, à nos seigneurs des provinces libres et unies des Pays-Bas, par Helie Poirier, Parisien. *Amst., Jean Blaeu,* 1648, in-12, v. f. fil. tr. dor. (*Simier.*)

127 millim.

322. Mémoires de monsieur de Montrésor. *A Leyde, chez Jean Sambix,* 1665, 2 vol. pet. in-12, mar. v. tr. dor. (*Lortic.*)

323. Le Tableau de la vie et du gouvernement de messieurs les cardinaux Richelieu et Mazarin. *A Cologne, Pierre Marteau,* 1693, in-8, mar. f. fil. (*Ginain.*)

Exemplaire non rogné.

324. Les Mémoires de fev Monsièvr le dvc de Gvise. *A Paris, chez Edme Martin, au Soleil d'or, et Séb. Cramoisy, aux Cigognes,* 1668, in-4, mar. r. à comp, tr. dor.

325. Mémoire d'un favory de S. A. R. M. le duc d'Orléans (Dubois d'Annemetz). *A Leyde, chez Jean Sambix (Bruxelles, Foppens), à la Sphère,* 1668, in-12, mar. rouge, fil. tr. dor. (*Thibaron.*)

Hauteur : 125 millim. Exemplaire grand de marges. Édition rare.

326. Le Comte de Clermont, sa cour et ses maîtresses. Lettres familières, recherches et documents inédits publiés par Jules Cousin. *Paris, Académie des Bibliophiles,* 1867, 2 vol. in-12, portr., gravure et fac-simile, dos et coins de mar. citr. avec mosaïques de mar. bleu, fil. tête dor. ébarbé.

Exemplaire en papier fort de Hollande, n° 184.

327. Le Parc aux cerfs, ou l'Origine de l'affreux déficit. 1790, in-8, figures, mar. v. tr. dor. (*Duru.*)

Exemplaire presque non rogné et complet.

328. Anecdotes sur la comtesse du Barri. *A Londres,* 1775, in-12, demi-rel. mar. bl. avec coins, tr. sup. dorée, n. rogn.

Portraits et figures ajoutés.

329. Favre (M. Jules), ministre de la République française (septembre-novembre 1870). *Paris, Jouaust,* gr. in-8, br.

N° 5 sur 60 exemplaires.

330. Les Antiquitez, croniques et singularitez de Paris, par Giles Corrozet, et depuis augmentées (par Nic. Bonfons Parisien). *Paris, Nic. Bonfons,* 1586, 2 part. en 1 vol. in-8, réglé, mar. r. jans. tr. dor. (*Duru.*)

331. LE POLET. In-fol. cartonné.

Manuscrit très-curieux de 550 pages, contenant l'histoire journalière DE DIEPPE et particulièrement du POLET, faubourg habité par des pêcheurs, depuis 940 jusqu'en 1849. Il paraît avoir été commencé vers 1750. Il renferme plus de 500 dessins à la plume, caricatures, costumes, etc.

332. Janin (Jules). La Normandie, illustrée par MM. Morel Fatio, Tellier, Gigoux, Daubigny, Debon, H. Bellangé, Alfred Johannot. *Paris, Ernest Bourdin,* s. d., tr. gr. in-8, mar. vert, riche dent. tr. dor. (*Petit.*)

Un des 6 exemplaires tirés sur papier de Chine.

333. Austrasiæ Reges et duces epigrammatis, per Nicolaum Clementem Trælæum, Mozellanum, descripti. *Coloniæ,* 1591, pet. in-4, mar. bl. tr. dor. (*Hardy.*)

63 portraits des ducs de Lorraine, très-finement gravés sur cuivre par P. Woieriot. Le dernier portrait est celui de Charles III, représenté la tête couverte d'une toque. Cette planche est souvent remplacée par un autre portrait du même prince, vu la tête nue, et qui n'est pas de Woieriot.

Bel exemplaire de la première édition.

334. VLRICI OBRECHTI Alsatiacarvm rervm prodromvs. *Argentorati, apud Simonem Paulli bibliopolam,* 1681, pet. in-4, mar. rouge, fil. tr. dor.

Aux armes et chiffre du prince EUGÈNE DE SAVOIE. Superbe exemplaire d'un livre intéressant sur l'Alsace.

HISTOIRE ÉTRANGÈRE.

335. Histoire de l'empereur Charles V, par Don Jean Ant. de Vera et Figueroa, trad. d'espagnol en françois par le sʳ Du Perron le Hayer. *A Bruxelles, chez Fr. Foppens,* 1663, in-12, mar. br. tr. dor.

336. Relation véritable de la mort cruelle et barbare de Charles Iᵉʳ, arrivée à Londres en 1649, traduite de l'anglais en français. *Paris,* 1792, in-8, v. f. portrait.

337. Histoire du gouvernement de Venise, par le sieur Amelot de La Houssaie. *Sur la copie imprimée à Paris (à la Sphère),* 1677, in-12, mar. v. fil. tr. dor. (*Simier.*)

129 millim.

338. Goldast ab Haiminsfiel (Melchior). Constitutiones imperiales. Imperatorum, Cæsarum... Imperii statua et rescripta imperialia, etc. *Francofurti et Hanoviæ,* 1607-1610, 3 vol. in-fol. mar. vert, fil. tr. dor. (Troisièmes armes de DE THOU sur les plats, et son chiffre sur le dos de chaque volume.)

339. Batavia illustrata, ex musæo Petri Scriverii.

Lugduni Batavorum, apud Lud. Elzevirium, 1609,
3 part. en 1 vol. in-4, cuir de Russie, fil. tr. dor.

La seconde partie contient les portraits des souverains de Hollande, gravés sur bois, avec encadrements variés.

340. Égypte et Syrie, ou mœurs, usages, costumes et monuments des Égyptiens, des Arabes et des Syriens, précédé d'un précis historique, par M. Breton. *Paris, Nepveu*, 1814, 6 vol. in-18, nombr. papier vélin, mar. r. dent. dos orné, tr. dor.

Bel exemplaire. Figures coloriées.

341. Histoire généralle des Indes occidentales et terres neuves, qui jusqu'à présent ont esté descouvertes, traduite en françois (de l'espagnol de François de Gomara), par Mart. Fumée, sieur de Marly le Châtel (et de Genillé). *Paris, Mich. Sonnius*, 1577, in-8, v. f. fil. dos orné, tr. dor. (*Capé.*)

Bel exemplaire d'un livre rare.

342. Empire chinois (l'), illustré d'après les dessins pris sur les lieux, par Thomas Allom. *Fisher et compagnie, s. d.*, 4 tomes en 2 vol. in-4, demi-rel. v. tr. sup. dor. n. rogn.

Figures sur acier. Texte français.

NOBLESSE.

343. ARMORIAL GÉNÉRAL DE FRANCE, par d'Hozier père et d'Hozier de Sérigny fils. *Paris*, 1736-68, six registres en 10 vol. in-fol. fig. v. m.

Bel exemplaire.

344. Waroquier de Combles. Tableau généalogique, historique de la noblesse. *Paris, Nyon*, 1786, 9 vol. in-18, demi-rel. mar. tr. sup. dorée.

Bel exemplaire. Très-rare.

345. Statuts (les) de l'ordre du Saint-Esprit, estably par Henri III° du nom, roi de France et de Polo-

gue, au mois de décembre de l'an M. DLXXVIII. *De l'Imprimerie royale*, 1740, gr. in-4, rel. pl. mar. rouge, fleurs de lis, sur les plats les armes de France, et aux quatre angles les armes de l'ordre du Saint-Esprit, tr. dor.

BIBLIOGRAPHIE.

346. Supercheries littéraires, pastiches, suppositions d'auteur, dans les lettres et dans les arts, par Octave Delepierre. *Londres, Trübner et compagnie*, 1872, in-8, demi-rel. mar. bleu, tête dor. ébarbé.

347. DESCRIPTION d'un choix de livres faisant partie de la bibliothèque d'un amateur bordelais en 1872. *A Bordeaux, pour l'auteur*, pet. in-8, papier vergé, maroq. rouge foncé, filets, tr. dor. (*Chambolle-Duru.*)

348. Catalogue des livres de feu M. l'abbé d'Orléans de Rothelin. *Paris, Martin*, 1746. — Bibliotheca Fayana... *Parisiis, apud Martin*, 1725. — Catalogue des livres de feu M. Lemarié. *Paris, de Bure*, 1776. Ensemble 3 vol. in-8, v. ant.

Prix manuscrits. Le catalogue de du Fay est court de marges; reliure fatiguée.

349. Catalogue des livres de feu M. de Boze. *Paris, Martin*, 1754. — Catalogue de livres rares (le Camus de Limarre). *Paris, de Bure*, 1786. — Catalogue des livres de M*** .(Dincourt d'Hangard). *Paris*, 1789. — Catalogue des livres de M. de Cotte. *Paris, de Bure*, 1804. — Ensemble, 4 vol. in-8, v. f. ant., dos orné, fil. (*Chaumont.*)

Prix manuscrits. Les trois derniers catalogues sont sur papier fort.

SUPPLÉMENT.

350. LE LIVRE D'HEURES D'ANNE DE BRETAGNE
reproduit d'après le ms. original, avec l'appendice par Decaisne. *Paris, L. Curmer*, in-4, br.

Exemplaire de souscription en 50 livraisons.

351. DANTE. Cy commence la tierce partie de la
comédie de Dantes appelée Paradis, in-4, mar.
citron, fil. tr. dor. (*Aux armes de Bretagne.*)

Manuscrit du XVᵉ siècle sur vélin, orné de six grandes miniatures et
d'une peinture au commencement offrant les armes du chancelier du Prat, à
qui ce manuscrit est dédié. C'est une traduction du Dante (le Paradis), en
vers français, avec un commentaire en prose, et à la fin de chaque chant un
rondeau sur ledit chapitre. Ce précieux manuscrit est resté inachevé pour
les miniatures dont la place est marquée en tête de chaque chant. Un coin
du vol. a été rongé par un rat.

352. De Imitatione Christi, libri IV. *Parisiis, Tross,*
1858, in-16, mar. r. fil. tr. dor. (Petit).

Exemplaire sur papier de Chine.

353. L'Imitation de N.-S. J.-C., traduite en sept
langues, édition publiée sous la direction de
Montfalcon. *Lyon*, 1841, gr. in-8 br.

354. Gabr. Peignot. Recherches histor. sur la personne de J.-C. et sur celle de Marie. *Dijon*, 1829,
in-8, demi-rel. mar. viol. tr. jasp. dor.

355. Sanctorum calendarii romani Imagines. *Antuerpiæ*, 1584, in-16, mar. r. fil. tr. dor. (*Hardy-
Mennil*).

356. L'Homme chrestien, ou la Réparation de la nature par la grâce, par le R. P. Senault. *Amsterdam, P. Le Grand*, 1665, in-12, mar. r. foncé, tr. dor. (*Thivet.*)

357. Les Charactères des passions, par le sieur de La Chambre. *A Amsterdam, chez Ant. Michel*, 1658, in-12, mar. r. fil. tr. dor. (*Thivet.*)

358. Les Caractères de la Bruyère. *Paris, Lefèvre*, 1823, 3 vol. in-18, demi-rel. mar. tr. sup. dor. n. rogn.

359. Le Monarque, ou les Devoirs du souverain, par le R. P. J.-F. Senault. *Paris, Pierre le Petit*, 1664, in-12, mar. v. tr. dor. (*Duru.*)

360. Le Livre de la chasse du grand sénéchal de Normandie, publ. par le baron Pichon. *Paris, Aubry*, 1858, in-12, demi-rel. mar. r.

Papier de Chine.

361. Jongleurs et Trouvères, ou Choix de saluts, épîtres, rêveries des XIIe et XIVe siècle, publ. par Ach. Jubinal. *Paris*, 1835, in-8, demi-rel. mar. r.

362. Réimpressions. — Bigorne. — Le Joyeux Testament de la bière. — Vision d'un démon à Quimper-Corentin. — Le Bouquet du boys. — Pugna porcorum, 5 vol. in-8, et in-12, demi-rel. et br.

La dernière pièce est brochée et tirée sur vélin.

363. Poésies de Malherbe. *Paris, Barbou*, 1757, in-8, mar. r. fil. tr. dor. (*Capé.*)

Portrait de Malherbe, gravé par Fessard.

364. OEuvres choisies de Malherbe, avec des notes de tous les commentateurs, éd. publ. par Parelle. *Paris, Lefèvre*, 1825, 2 vol. in-8, demi-rel. mar. v. fil. tr. sup. dor. n. rogn.

365. Le Lutrin, poëme héroï-comique de Boileau-Despréaux, orné de vignettes de Hillemacher. *Lyon, Scheuring,* 1862, in-4, demi-rel. mar. tête dor. n. rogn.

366. Mémoire du voyage en Russie, fait en 1586, par Jehan Sauvage, publ. par L. Lacour. *Paris, Aubry,* 1855, in-12, demi-rel. mar. pap. de couleur.

367. Le Grand Voyage du pays des Hurons, situé ès derniers confins de la Nouvelle-France, par Gabr. Sagard. *Paris, Tross,* 1865, 2 vol. in-8, demi-rel. mar. tête dorée n. rogn.

Papier vergé de Hollande.

368. Charles du Lis. Opuscules sur Jeanne d'Arc. *Paris, Aubry,* 1856, pet. in-8, demi-rel. mar. r.

Exemplaire sur papier vert.

369. Les Travailleurs de septembre 1792. Documents sur la terreur, publ. par le comte H. de Viel-Castel. *Paris, Dentu,* 1862, in-12, demi-rel. mar. r. tr. sup. dorée.

370. Le Père Duchesne d'Hébert, notice sur ce journal, par Ch. Brunet. *Paris, France,* 1859, pet. in-8, mar. r. (*Thivet.*)

Exemplaire sur peau vélin.

371. Marat, dit l'Ami du peuple, notice sur sa vie et ses ouvrages, par Charles Brunet. *Paris, Poulet-Malassis,* 1862, pet. in-8, mar. r. (*Thivet.*)

Exemplaire sur peau vélin.

372. Gustave Brunet. Fantaisies bibliographiques. *Paris, Gay,* 1864, in-12, pap. vergé, demi-rel. mar. cit.

373. Gustave Brunet. Curiosités bibliographiques et artistiques. *Genève, Gay,* 1867, in-8, demi-rel. mar. citr. n. rogn.

374. Quelques Mots sur l'histoire de la reliure des livres, par Raymond Bordeaux. *Paris,* 1858, in-8, demi-rel. fig.

375. G. Peignot. Recherches sur les danses des morts et sur l'origine des cartes à jouer. *Dijon,* 1826, in-8, demi-rel. mar. viol. n. rogn.

Papier vélin,

FIN

Paris. — Typographie Georges Chamerot, rue des Saints-Pères, 19.